Ehregott Andreas Christian Wasianski

# Zuhaus bei Kant

Ein Beitrag zur Kenntnis
seines Charakters und häuslichen Lebens
aus dem täglichen Umgang mit ihm

semele verlag berlin

Der Text wurde erstmalig im Jahr 1804, als Teil einer Sammelpublikation mit dem Titel »Über Kant« veröffentlicht. Die von Wasianski selbst gegebene Überschrift lautet »Immanuel Kant in seinen letzten Lebensjahren. Ein Beytrag zur Kenntniß seines Charakters und häuslichen Lebens aus dem täglichen Umgange mit ihm, von E. A. Ch. Wasianski, Diakonus bey der Tragheimschen Kirche in Königsberg«. Die Rechtschreibung wurde, bei Wahrung der altertümlichen Sprachweise, sanft modernisiert.

Die Deutsche Bibliothek: CIP-Einheitsaufnahme
*Wasianski, Ehregott Andreas Christian*: Zuhaus bei Kant
Berlin, Semele Verlag 2006.
ISBN 3-938869-03-8


Erste Auflage 2006
Satz und Layout superfluxus media Berlin
Gesamtherstellung GGP Media GmbH, Pößneck
Printed in Germany

Ehregott Andreas Christian Wasianski

# Zuhaus bei Kant

Immanuel Kant, ordentlicher akademischer Lehrer der Logik und Metaphysik zu Königsberg, war nicht allein seinem Zeitalter verehrungswürdig, sondern wird auch bei der spätesten Nachwelt unvergesslich bleiben und in dem Verzeichnisse großer Männer unstreitig seinen Platz behaupten. Man mag ihn als Gelehrten, mit Hinsicht auf den großen Reichtum seiner erworbenen Kenntnisse in den meisten Fächern der oft so sehr verschiedenen Wissenschaften; oder als Selbstdenker, mit Rückblick auf die Anzahl und Gründlichkeit seiner herausgegebenen Werke; oder als Mensch, in Absicht auf seinen wahrhaft edeln, großmütigen, menschenfreundlichen und doch so bescheidenen Charakter; oder endlich als Freund und Gesellschafter mit Rücksicht auf seinen feinen, gefälligen, angenehmen, unterhaltenden und humanen Umgang betrachten, so muss er jedem, den Eifersucht und Selbstliebe nicht blenden, oder Animosität und Parteilichkeit in seinem Urteil über ihn nicht missleiten, ein Gegenstand der Bewunderung und Verehrung bleiben. Was ihn als Gelehrten und Selbstdenker betrifft, so wird es nicht an Männern fehlen, die ihn von diesen Seiten nach Verdienst zeichnen werden. Alles Große begeistert, zieht jeden, der Sinn fürs Wahre und Gute hat, unwiderstehlich an sich, lässt ihn mit Wohlgefallen bei ausgezeichneten, hervorragenden Gegenständen verweilen und erlaubt nicht, die erregten Empfindungen in sich zu verschließen; die volle Brust fühlt den Drang sich mitzuteilen, und gibt reichlich und gern alles hin, was sie empfing, um Teilnehmer zu gewinnen. Gewiss wird dieses auch bei *Kant* der Fall sein, dessen Tod man nicht einmal abwartete, sondern von dem man schon bei seinem

Leben eine Biographie herausgab, von der ich nicht entscheiden mag, ob *Kant* mit ihr habe zufrieden sein können, oder ob seine Verehrer das in ihr gefunden haben, was sie wünschten. Alle seine Freunde wissen aber, dass er bei der davon erhaltenen Nachricht sich sehr unwillig darüber äußerte.

Bei der Darstellung *Kants,* als Gelehrten und Selbstdenker, sind die Besorgnisse vor dem Verzeichnen des Gemäldes nicht so erheblich, indem seine Schriften eine sehr ergiebige Quelle sind, aus der sein Biograph schöpfen kann. Ist dieser vertraut mit dem Fache, dem *Kant* sich widmete; strebte er selbst, die ersten Gründe des menschlichen Wissens zu erforschen; zeichnet er sich als Selbstdenker aus; ist er unparteiisch genug, *Kants* Verdienste um die Wahrheit anzuerkennen; kennt er die Vorarbeiten des Zeitalters, in dem *Kant* sich ausbildete, und vermag er den Umfang des menschlichen Wissens zu würdigen; so darf man nicht befürchten, dass ihm das Gemälde des großen Gelehrten und seltenen Selbstdenkers missraten werde. Ganz anders verhält es sich mit dem Charakter, mit der Denk- und Handlungsart eines merkwürdigen Mannes und Schriftstellers. Seine Schriften enthalten oft nur schwache Spuren davon, und wer kann dafür bürgen, dass Verstand und Herz nicht im Widerstreit miteinander gestanden haben? Wer weiß nicht, dass Schriftsteller oft das Gute vortrefflich darstellen und doch schlecht handeln? Der Charakter eines Menschen kann nur durch sorgfältiges, unparteiisches, am sichersten aber durch tägliches Beobachten seiner verschiedenen Launen und kleinsten Gewohnheiten entziffert werden. Die anscheinend geringfügigsten können bisweilen viel Licht über einen Mann verbreiten und Fingerzeige auf seine Originalität geben. Einzelne Äußerungen sind indessen dazu oft nicht hinlänglich, und nur ihre ganze Summe gestattet, entscheidende und befriedigende Resultate aus ihnen zu ziehen. Gehört dazu aber nicht eine genauere und längere Bekanntschaft, ja ein vertrauterer Umgang, zu dem nicht jeder gelangen kann? Man muss den Menschen nicht nur in Lagen, wo er es weiß, dass er beobachtet wird, handeln sehen, sondern auch in solchen, wenn er sich ohne Zeugen glaubt und ohne Rücksicht auf Beobachter, sich den natürlichen Ergießungen seines Herzens überlässt. Wie sehr verengt sich nun der Kreis derer, die mit Zuverlässigkeit etwas über den Charakter eines merkwürdigen Mannes sagen können!

Mit der Charakteristik *Kants* hat es nun eben die Bewandtnis, wie man es zum Teil aus den Anekdoten abnehmen kann, die hie und da in öffentlichen Blättern noch bei seinem Leben erschienen, und die zu sichtbar das Gepräge der Verstümmelung an sich tragen, weil man sie entweder aus unzuverlässigen Quellen schöpfte, oder durch die Tradition vergrößerte, oder weil der Erzähler manchmal seine eignen Einfälle, Denkweisen und Meinungen in sie übertrug. An solchen Charakterzügen *Kants* wird es auch in der Zukunft nicht fehlen, und höchst vermutlich wird die gelehrte Welt mit mancher Sammlung derselben beschenkt werden.

Besorgnis vor solchen Erscheinungen und der Wunsch einiger Freunde, etwas ganz Zuverlässiges über *Kants* letzte Lebensjahre von einem täglichen Augenzeugen zu lesen, haben mich veranlasst, diese wenigen Bogen aufzusetzen. Ein Vorsatz früherer Zeiten ist es nicht. Als sich aber in den letzten Tagen seines Lebens allerlei widersprechende Gerüchte über den großen Mann verbreiteten, die ihn zum Teil verkleinlichten und mich zu mündlichen Berichtigungen nötigten; so leuchtete es mir bei meiner genauern Bekanntschaft mit ihm als eine fast unerlässliche Pflicht ein, meine Beobachtungen und Erfahrungen auch schriftlich mitzuteilen, und dadurch manchen Notizen vorzubeugen, durch die selbst *Kants* Verehrer hätten getäuscht werden können. Würde es nicht alle seine Freunde kränken, wenn menschliche Schwächen des großen Mannes von unberufenen Anekdotenkrämern als Flecken seiner reinen Seele und seines unbescholtenen Charakters dargestellt werden sollten? Würde der selbstsüchtige Witzling sich nicht vielleicht mit größerer Schadenfreude an den toten Löwen wagen, wenn er gar nicht besorgen dürfte, dass ein anderer, der *Kant* genauer beobachtete und kannte, als er, den Ungrund seiner Behauptungen aufdecken könnte?

Vielleicht kann auch eine Darstellung *Kants* in seiner häuslichen Verfassung, im engen Kreise seiner Vertrauten, als Wirt, im Benehmen gegen seine Dienstboten, und selbst, als er schon hinfälliger Greis geworden, zu manchen anthropologischen und psychologischen Betrachtungen Anlass geben. Überdem weiß ich aus Erfahrung, dass besonders Durchreisende sich angelegentlich nach seinen kleinsten Gewohnheiten und häuslichen Verfassungen erkundigten. Alles dieses wird mich hoffentlich rechtfertigen, wenn ich den Mann, der auf der großen Bühne der gelehrten Welt eine Hauptrolle und mit beinahe allgemeinem Beifalle spielte, ohne alle Schminke und entkleidet von allem Prunk, gleichsam nur in seinem

Negligee darstelle. Einen Nachteil von seinem Auftreten im häuslichen Gewande darf ich wenigstens nicht befürchten, denn er war in jedem liebenswürdig. Gewiss gibt es auch einige, die *Kant* näher als bloß aus seinen Schriften kennen zu lernen und ihn von mehr als einer Seite dargestellt zu sehen wünschten, um nicht bloß den großen Mann, sondern auch den Menschen in seinen Menschlichkeiten kennen zu lernen. Der Maler, der die Züge seines Originals sich recht eindrücken will, beobachtet dasselbe unter mehreren Situationen, in verschiedenen Attitüden, übersieht dabei auch die dunklere Seite nicht, um ja alles recht zu zeichnen, und nicht etwa durch Weglassung des Schattens ein widriges chinesisches Gemälde zu liefern, oder durch eine zu starke Auftragung desselben sein Bild zu dunkel und finster zu kolorieren.

Auch *Kant* hatte seine Schwachheitsschatten als Mensch, die aber seinen lichten Seiten nichts von ihrer Klarheit und Sichtbarkeit benehmen konnten und werden. Die mehresten waren nicht seine Schuld, sondern Folgen der menschlichen Natur, wenn sie ein hohes Alter erreicht, denen mithin weder seine Geistesgröße noch der hohe Grad seiner Kraft der Ausbildung, ja selbst seine Herzensgüte nicht den zwar langsamen, aber doch mächtigen Eintritt verwehren konnte. Er hatte 80 Jahre in seinem Lebenskreis gewandelt; was Wunder also, wenn er im Zirkel endlich an den Punkt zurückkam, von dem er ausgegangen war! Auch in seiner Schwachheit behielt er, aus dem so manche Strahlen des Lichts sich verbreitet hatten, seinen Glanz, wie die Sonne in der Verfinsterung ihr eigenes Licht, wenn sie es verloren zu haben scheint, und verlor ihn nicht, wie der abnehmende

Mond sein erborgtes Schimmerlicht verliert. Weit entfernt etwas einer Biographie von *Kant* ähnliches zu liefern, sollen diese Blätter seinen Biographen keinen Eintrag tun, sondern sich nur darauf einschränken, das, was andere bei größerer Einsicht, Geschicklichkeit und Kenntnis von *Kant* doch nicht so genau wissen können, und auch das, was sie von ihm anzuführen, vielleicht unter ihrer Biographenwürde halten möchten, darzulegen. Dem Gelehrten kann manches von dem, was ich mitteilen will, gleichgültig scheinen, dagegen werden viele seiner abwesenden Freunde, die ihn in den letzten Jahren seines Lebens nicht sahen, und überhaupt ein Teil des Publikums angelegentlich wünschen, dass auch selbst dies unbedeutend scheinende nicht verloren gehe. Und wollte ein Biograph mit einer gewissen Selbstverleugnung und Aufopferung seiner höheren Kunst sich auch auf die Anführung spezieller Umstände, kleiner Gewohnheiten und Äußerungen *Kants* einlassen, wo würde er sie finden, wenn sie ihm nicht einer lieferte, der mit *Kant* auf dem Fuß gelebt hätte, wie ich es in den letzten Zeiten um ihn zu sein Gelegenheit gehabt.

Aus diesem Gesichtspunkte wünsche ich daher, diese Blätter beurteilt zu sehen. Ihr Wert besteht in der reinsten und unverfälschtesten Wahrheit, von der keine Schminke, keine Übertreibung mich ableiten soll, indem ich sorgfältig über mich wachen werde, dass auch wider meinen Willen sich nicht etwas Unwahres einschleiche. Überdem schreibe ich vor den Augen von Männern, deren einige ihn wöchentlich ein- auch mehrmals sahen und mit Scharfblick beobachteten, und deren Rüge unwahre Behauptungen nicht entgehen würden. Aber auch diese werden wissen, dass manche Äußerungen *Kants* in den letzten Jahren seines Lebens, und zu verschiedenen Zeiten verschieden ausfielen, und dass er mir manches mitteilte, was er anderen verschwieg.

Interessanter hätte man zwar diese Blätter machen können, wenn man in mancher Anekdote von *Kant* diesen oder jenen Umstand hätte verschönern oder durch Übertreibung heben wollen. Allein das Anziehende soll stets der Wahrheit weichen, und lieber mag ersteres als diese fehlen, wenn gleich diese Strenge in Mitteilung der Wahrheit mir notwendig machen wird, meine stille Zurückgezogenheit zu verlassen, und mehr, als ich wünschte, vor dem Publico zu erscheinen.

Mancher edle Zug des Herzens *Kants,* manche seiner dankbaren Äußerungen gegen mich müssten verloren gehen, wenn ich mich des Sprechens von mir selbst zu sehr enthielte. Verkennen aber würde man mich, wenn man solche Fälle mir für Eitelkeit anrechnen, und sie aus einer kleinlichen Begierde, mich an den großen Mann anzuschließen und bei solcher Gelegenheit etwas von seiner Zelebrität zu gewinnen, herleiten wollte. Fern sei das von mir; *Kant* hatte mir sein Zutrauen geschenkt. Ob ich mich desselben würdig gemacht; ob ich getan habe, was man in den Umständen, in der Verbindung, in der ich mit ihm zu stehen das Glück hatte, und in einer solchen Lage zu tun schuldig ist, werden *Kants* noch lebende Freunde beurteilen. Nach ihren bisherigen Äußerungen darf ich auf ihren Beifall rechnen, da ich ihnen ihre Meinung über meine Vorkehrungen abgehört und ihre anwendbaren Vorschläge und Verbesserungen, redlich und dankbar befolgt habe.

Nun zur Sache und zuerst die Frage: Wie kam ich an *Kant*? Meine Bekanntschaft mit ihm entstand nicht in seiner letzten Lebenszeit und mit ihm vertraut zu werden, dazu gehörte mehr als ein Jahrzehnt. In den Jahren drei- oder vierundsiebzig (genau weiß ich es nicht) wurde ich sein Zuhörer und später hin sein Amanuensis; durch welches letztere Verhältnis ich dann auch mit ihm in eine nähere Verbindung kam, als seine übrigen Zuhörer. Er gestattete mir unentgeltlich ohne meine Bitte das Besuchen seines Hörsaals. Im Jahr 1780 verließ ich die Akademie und wurde Prediger. Ob ich nun gleich in Königsberg blieb, so schien ich doch von *Kant* in meiner neuen Kleidung, wo nicht ganz vergessen, so doch wenigstens nicht mehr gekannt zu sein. Im Jahre 1790 traf ich wieder mit ihm auf der Hochzeit eines der hiesigen Professoren zusammen. Bei Tisch unterhielt *Kant* sich mit der ganzen Gesellschaft; als aber nach dem Essen jeder sich einen Gesellschafter zum Gespräch wählte, setzte er sich freundschaftlich zu mir und sprach mit mir über meine damalige Liebhaberei, die Blumistik, mit vieler Sachkenntnis, und zeigte mir zu meinem größten Befremden eine vollkommene Bekanntschaft mit meiner ganzen Lage; erinnerte sich dabei der früheren Zeiten, äußerte seine wohlwollende Teilnahme an meiner Zufriedenheit mit meinen Umständen und zugleich den Wunsch, dass, wenn es meine Zeit erlaubte, ich ihn bisweilen zum Mittage auf seine Einladung besuchen möchte. Als er bald darauf die Gesellschaft verlassen wollte, schlug er mir vor, dass ich, da ich einen Weg mit ihm zu machen hatte, mit ihm nach Hause fahren möchte. Ich nahm diesen Vorschlag an, begleitete ihn, wurde in der nächsten Woche zu ihm eingeladen, und musste zugleich bestimmen, welcher Tag in der Woche für mich der bequemste sei, seine ferneren Einladungen anzunehmen. Unerklärbar war mir *Kants* zuvorkommendes Benehmen gegen mich. Anfangs vermutete ich, dass irgend einer meiner gütigen Freunde ihm mehr Gutes von mir gesagt hätte, als ich verdiene; aber die spätere, in seinem Umgange gemachte Erfahrung, belehrte mich, dass er sich oft nach dem Befinden seiner ehemaligen Zuhörer erkundigte und sich herzlich freute, wenn es ihnen wohlging. Er hatte also auch mich nicht ganz vergessen.

Diese erneuerte Bekanntschaft mit ihm traf beinahe mit dem Zeitpunkte zusammen, in welchem er seiner häuslichen Einrichtung eine veränderte Gestalt gegeben hatte. Bis dahin hatte er an einer Table d'hôte gegessen; jetzt fing er seine eigene Haushaltung an und lud täglich zwei seiner Freunde, und bei irgendeiner kleinen Fete fünf derselben ein; denn er beobachtete die Regel genau, dass seine Tischgesellschaft, sich selbst mitgerechnet, nicht unter der Zahl der Grazien und nicht über die Anzahl der Musen sein müsse. Überhaupt hatte seine ökonomische Einrichtung und besonders sein Tisch etwas Eigentümliches, Originelles, und in manchen Stücken von der Alltagssitte und dem Zwange des gewöhnlichen konventionellen Tons abweichendes, doch ohne Vernachlässigung des Wohlstandes, der wohl bisweilen in Gesellschaften, worin Damen fehlen, etwas zu leiden pflegt. — Wenn das Essen in Bereitschaft war, trat *Lampe,* die Türe mit einem gewissen Tempo öffnend, mit den Worten ins Zimmer: »*die Suppe ist auf dem Tische*«. Diesem Zuruf wurde schnelle Folge geleistet, und der auf dem

Wege nach dem Speisezimmer gewöhnliche Diskurs über die Witterung des Tages wurde beim Anfange des Tisches noch fortgesetzt. Von den wichtigsten Ereignissen des Tages, von Siegen und selbst von Friedensschlüssen durfte nicht eher, als am Tische gesprochen werden. *Kant* ging mit den Gegenständen der Unterhaltung haushälterisch um und mochte gern einen nach dem andern debattiert sehen. Seine Studierstube war nie der Ort, wo über politische Gegenstände gesprochen wurde. Sobald er sich aber an den Tisch gesetzt hatte, sah man es ihm ganz deutlich an, dass er sich nach der vielen Arbeit und Anstrengung auf Speisen und Unterhaltung freue.

Das: *»Nun, meine Herren«,* wenn er sich auf den Stuhl setzte und die Serviette nahm, zeigte unverkennbar, wie Arbeit die Speisen würze. Sein Tisch war mit drei Schüsseln, einem kleinen Nachtisch und Wein besetzt. Jeder legte sich seine Speisen selbst vor und das sogenannte Komplimentieren dabei war ihm so unangenehm, dass er es fast jedesmal, wiewohl mit Bescheidenheit, rügte. Er empfand es unangenehm, wenn man wenig aß und hielt es für Ziererei. Der erste in der Schüssel war ihm der angenehmste Gast; denn desto eher kam die Reihe an ihn zum Zulangen. Er suchte jede Verzögerung dabei zu vermeiden; da er schon vom frühen Morgen an gearbeitet und noch nichts bis zum Mittage genossen hatte. Er konnte daher besonders in den letzten Zeiten mehr aus einer Art von Übelbefinden, als wirklichem Hunger, kaum die Zeit erwarten, bis sein letzter Gast kam.

Der Tag, an dem man bei ihm aß, war ein Festtag für seine Tischfreunde. Angenehme Belehrungen, doch ohne dass er sich das Ansehen eines Lehrers gegeben hätte, würzten das Mahl und verkürzten die Zeit von 1 Uhr bis 4, 5, öfters auch später, sehr nützlich und ließen keine Langeweile zu. Er duldete keine Windstille, mit welchem Namen er die etwaigen Augenblicke benannte, in denen das Gespräch minder lebhaft war. Er wusste stets allgemeine Unterhaltung zu schaffen, jedem seine Liebhaberei abzumerken und mit Teilnahme davon zu sprechen. Vorfälle in der Stadt mussten schon sehr merkwürdig sein, wenn an seinem Tische ihrer Erwähnung geschehen sollte. Fast nie hatte die Unterhaltung auf Gegenstände der kritischen Philosophie Bezug. Er verfiel nicht in den Fehler der Intoleranz gegen diejenigen, die mit ihm kein gleiches Lieblingsstudium hatten, wie dieses wohl bei manchem anderen Gelehrten der Fall sein möchte. Seine Unterhaltung war populär dargestellt, dass ein Fremder, der seine Schriften studiert hätte, dem er aber von Person unbekannt geblieben wäre, aus seinem Gespräche wohl schwerlich hätte schließen können, dass der Erzählende *Kant* sei. Lenkte sich das Gespräch auf Gegenstände der Physiologie, Anatomie, oder die Sitten gewisser Völker, wurden dabei solche Dinge erwähnt, die der Leichtsinn wohl zur Schlüpfrigkeit hätte missbrauchen können, so wurde davon nur mit einem Ernste gesprochen, der es verriet, dass es nicht nur bei ihm der Fall sei, sondern dass er es auch von seinen Tischfreunden als sicher voraussetzte: Sunt castis omnia casta.

Bei der Wahl seiner Tischfreunde beobachtete er außer den sonst gewöhnlichen Maximen unverkennbar noch zwei andere. Zuerst wählte er sie aus verschiedenen Ständen: Dienstmänner, Professoren, Ärzte, Geistliche, gebildete Kaufleute, auch junge Studierende, um der Unterhaltung Mannigfaltigkeit zu verschaffen. Zweitens waren seine gesamten Tischfreunde jüngere Männer wie er, oft sehr viel jünger. Er schien bei letzteren die doppelte Absicht zu haben: durch die Lebhaftigkeit des kraftvollern Alters mehr Jovialität und heitere Laune in die Gesellschaft zu bringen, sodann auch soviel als möglich, sich den Gram über den früheren Tod derer, an die er sich einmal gewöhnt hatte, zu ersparen. Bei gefährlichen Krankheiten seiner Freunde war er daher äußerst besorgt und ging in dieser Ängstlichkeit so weit, dass man hätte glauben sollen, er würde ihren Tod nicht mit Fassung ertragen. Oft ließ er sich nach ihrem Zustande erkundigen, erwartete mit Ungeduld die Krisis der Krankheit und wurde sogar in seinen Arbeiten darüber gestört. Sobald sie aber gestorben waren, zeigte er sich gefasst, beinahe möchte man sagen gleichgültig. Er betrachtete das Leben überhaupt, besonders die Krankheit, als einen steten Wechsel, von dem Nachricht einzuholen es der Mühe verlohnte; den Tod aber als permanenten Zustand, von dem eine Nachricht statt aller hinlänglich sei, wobei sich nun nichts mehr ändern ließe. Auch arbeitete er nun ungestört fort, weil alle seine Besorgnisse ihr Ende erreicht hatten. Der letztern Maxime und Vorsichtsregel bei der Wahl seiner Tischfreunde ungeachtet, verlor er doch manchen derselben durch den Tod. Besonders stark wirkte auf ihn bei aller Fassung der Verlust des Inspektor *Ehrenboths*, eines jungen Mannes von durchdringendem Verstande und wahrer, ausgebreiteter Gelehrsamkeit, den er überaus hochschätzte.

Die Gegenstände der Unterhaltung waren größtenteils aus der Meteorologie, Physik, Chemie, Naturgeschichte und Politik entlehnt, besonders aber wurden die Geschichten des Tages, wie sie uns die Zeitungen lieferten, scharf beurteilt. Einer Nachricht, der Tag und Ort fehlte, sie mochte übrigens so wahrscheinlich sein, als sie wollte, traute er nie, und hielt sie nicht der Erwähnung wert. Sein weitreichender Scharfblick in der Politik drang sehr tief ins Innere der Ereignisse, so dass man oft eine, mit den Geheimnissen der Kabinette bekannte diplomatische Person reden zu hören glaubte. Zur Zeit des französischen Revolutionskrieges warf er manche Vermutungen und Paradoxen hin, besonders in Absicht auf militärische Operationen, die so pünktlich eintrafen, wie jene seine große Vermutung, dass es zwischen dem Mars und Jupiter keine Lücke im Planetensystem gäbe, deren volle Bestätigung er bei Auffindung der Ceres durch Piazzi in Palermo, und der Pallas durch D. Olbers in Bremen noch erlebte. Diese Auffindungen machten große Sensation auf ihn, er sprach oft und viel von ihnen, doch ohne zu erwähnen, dass er dieses schon längst vermutet hätte. Merkwürdig war seine Meinung: dass Bonaparte nicht die Absicht haben könne, in Ägypten zu landen. Er bewunderte die Kunst desselben, mit der er seine wahre Absicht, in Portugal landen zu wollen, so sehr zu verschleiern suche. Wegen des großen Einflusses Englands auf Portugal betrachtete er dieses Land als eine englische Provinz, durch deren Eroberung England der empfindlichste Streich beigebracht werden könnte, indem dadurch die Einfuhr englischer Manufakturwaren in Portugal und die Ausfuhr des Portweins, dieses unentbehrlichen Lieblingsgetränks der Engländer aus Portugal verhindert werden müsste. Gewohnt, manche Tatsachen a priori zu demonstrieren, bestritt er die Landung in Ägypten auch da noch, als die Zeitungen sie schon als glücklich vollendet ankündigten und hielt dieses Unternehmen für völlig unpolitisch und von keiner langen Dauer. Seine Freunde waren nachgiebig genug, nicht zu widersprechen, und der Erfolg der ganzen Expedition war eine ziemliche Rechtfertigung für ihn. Es wurde über die neusten Erfindungen und Ereignisse debattiert, die Gründe für und wider abgewogen und dadurch das Tischgespräch lehrreich und angenehm gemacht. *Kant* zeigte sich aber nicht bloß als unterhaltender Gesellschafter, welches er besonders in früheren Jahren ganz vorzüglich war, sondern auch als gefälligen und liberalen Wirt, der als solcher keine größere Freude kannte, als wenn seine Gäste froh und heiter, an Geist und Leib gesättigt, nach einem Sokratischen Mahle seinen Tisch verließen.

Gleich nach Tisch ging *Kant* der Regel nach aus, um sich Bewegung zu machen, die ihm bei einer sitzenden Lebensart zur Erhaltung seiner Gesundheit so notwendig war. Doch nahm er, und das absichtlich, nie einen Gesellschafter bei seinen Spaziergängen mit. Von seinen beiden Ursachen dazu ist die eine leichter zu erraten, als die andere. Er wollte seinen Ideen im Freien auch frei nachhängen, oder nach Beendigung seiner Unterhaltung mit dem Menschen sich mit irgendeiner Beobachtung in der Natur beschäftigen. Die zweite Ursache ist eigner: er wollte nämlich nur durch die Nase respirieren, und die atmosphärische Luft nicht so rau und unerwärmt geradezu in die Lungen ziehen, sondern sie erst einen weitern Umweg machen lassen. Von dieser

Maßregel, die er allen seinen Freunden empfahl, versprach er sich Vorbeugung des Hustens, des Schnupfens, der Heiserkeit und anderer rheumatischen Zufälle, und das vielleicht nicht ganz ohne allen Erfolg; denn er wurde wenigstens höchst selten von diesen Krankheiten befallen. Auch bei mir hat die gelegentliche, obgleich nicht ängstliche Beobachtung dieser Vorschrift, diese Übel seltner gemacht. Nach 6 Uhr setzte er sich an seinen Arbeitstisch, der ein ganz gewöhnlicher, durch nichts sich auszeichnender Haustisch war und las bis zur Dämmerung. In dieser, dem Nachdenken so günstigen Zeit, dachte er dem Gelesenen, wenn es eines besondern Nachdenkens wert war, nach; oder widmete diese ruhigen Augenblicke dem Entwurfe dessen, was er am folgenden Tage in seinen Vorlesungen sagen, oder fürs Publikum schreiben würde. Dann nahm er seine Stellung, es mochte Winter oder Sommer sein, am Ofen, von welchem er durchs Fenster den Löbenichtschen Turm sehen konnte. Dieser wurde zur Zeit dieses Nachdenkens angesehen, oder das Auge ruhte vielmehr auf demselben. Er konnte sich nicht lebhaft genug ausdrücken, wie wohltätig seinen Augen der, für dasselbe passende, Abstand dieses Objekts sei. Durch tägliche Ansicht in der Dämmerung mag sein Auge sich daran gewöhnt haben. Als in der Folge im Garten seines Nachbars einige Pappeln so hoch emporwuchsen, dass sie den Turm bedeckten, wurde er darüber unruhig und gestört in seinem Nachdenken: er wünschte daher, dass diese Pappeln bekappt werden möchten. Zum Glück war der Eigentümer des Gartens ein gutdenkender Mann, der für *Kant* Liebe und Hochachtung hatte, und überdem mit ihm in näheren

Verbindungen stand; er opferte ihm daher die Wipfel seiner Pappeln auf, so dass der Turm wieder sichtbar wurde und *Kant* bei dessen Anblick wieder ungestört nachdenken konnte.

Bei Licht setzte er das Lesen fort bis gegen 10 Uhr. Eine Viertelstunde vor dem Schlafengehen entschlug er sich so viel als möglich alles scharfen Nachdenkens, und jeder auch nur kleine Anstrengung erfordernden Kopfarbeit, um nicht durch sie aufgestört und zu munter zu werden, denn die kürzeste Verzögerung des Einschlafens war ihm höchst unangenehm. Zum Glück begegnete sie ihm selten. Ohne seinen Bedienten kleidete er sich in seinem Schlafzimmer ganz allein aus, doch immer nur in der Art, dass er in jedem Augenblicke, ohne verlegen zu werden, oder bei seinem Aufstehen andere verlegen zu machen, erscheinen konnte. Dann legte er sich auf seine Matratze und hüllte sich in eine Decke ein; im Sommer in eine baumwollene, im Herbst in eine wollene; beim Eintritt des Winters bediente er sich beider zusammen und in der strengsten Kälte nahm er eine Federdecke von Eiderdaunen, von welcher der Teil, der die Schultern bedeckt, nicht mit Federn gefüllt war, sondern aus einem Ansatz von dickem wollenen Zeuge bestand. Durch vieljährige Gewohnheit hatte er eine besondere Fertigkeit erlangt, sich in die Decken einzuhüllen. Beim Schlafengehen setzte er sich erst ins Bett, schwang sich mit Leichtigkeit hinein, zog den einen Zipfel der Decke über die eine Schulter unter dem Rükken durch bis zur andern und durch eine besondere Geschicklichkeit auch den andern unter sich, und dann weiter bis auf den Leib. So emballiert und gleichsam wie ein Kokon eingesponnen, erwartete er den Schlaf. Oft pflegte er zu seinen Tischfreunden zu sagen: *Wenn ich mich so ins Bett gelegt habe, so frage ich mich selbst: »kann ein Mensch gesunder sein, als ich?«* Seine Gesundheit war nicht bloß eine gänzliche Abwesenheit alles Schmerzes; sie war die wirkliche Empfindung und der wahre Genuss des höchsten Wohlbefindens; er schlief daher auch sogleich ein. Keine Leidenschaft machte ihn munter, kein Kummer hielt seinen Schlaf auf, kein Schmerz weckte ihn. Im strengsten Winter schlief er im kalten Zimmer; nur in den letzten Jahren seines Lebens ließ er, auf Anraten seiner Freunde, sein Schlafzimmer sehr mäßig erwärmen. Er war ein Feind von allem, was man sich pflegen und zugut tun nennt. Seine oben erwähnte Decke von Eiderdaunen war alles, was ihn vor Frost schützte. Nach seiner Aussage wurden höchstens fünf Minuten zu seiner völligen Erwärmung erfordert. Wollte er im Finstern aus irgend einer Ursache sein Schlafzimmer verlassen, welches öfters geschah, so diente ihm ein jeden Abend von neuem gezogenes Seil zum sichern Wegweiser zu seinem Bette. Sein Schlafzimmer war Sommer und Winter durch finster: bei Tage und bei Nacht waren die Fenster durch Laden geschlossen, und zwar aus einer ganz eigenen Ursache. Durch einen Fehler im Beobachten war er auf eine besondere Hypothese über die Erzeugung und Vermehrung der Wanzen geraten, die er aber für feste Wahrheit hielt. Er hatte nämlich in einer andern Wohnung, zur Abhaltung der Sonnenstrahlen die Fensterladen stets geschlossen gehalten, vergaß aber bei einer kleinen Reise aufs Land, vor seiner Abreise die Fensterladen vorlegen zu lassen und fand bei seiner Zurückkunft sein Zimmer mit Wanzen besetzt. Da er nun glaubte, vorher keine Wanzen gehabt zu haben, so machte er den Schluss: das Licht müsse zur Existenz und zum Fortkommen jenes Ungeziefers notwendig erforderlich und die Verhinderung der eindringenden Lichtstrahlen ein Mittel sein, ihrer Vermehrung vorzubeugen. Wahrscheinlich haben andere Umstände ihn in dieser Meinung bestärkt. Vielleicht hatte eine ohne sein Vorwissen besorgte Reinigung sie vertrieben, und da er in dieser Zeit die Fensterladen wieder sorgfältig verschlossen gehalten, so glaubte er, die nun verschwundenen Insekten durch die Finsternis vertilgt zu haben. Auf die Wahrheit seiner Theorie bestand er indessen so fest, dass er jeden Zweifel, so leise, jede Bedenklichkeit, so klein sie auch sein möchte, übel empfand. Selbst das für jeden andern so überzeugende Argument, dass zur Zeit seines ersten Dieners sein Bett stark mit jenen Insekten besetzt war, konnte ihm nicht entgegengestellt werden, weil er geradezu erwidert haben würde: man habe das Schließen der Laden unterlassen, und das Tageslicht hätte seine schöpferische Macht in Hervorbringung jener Insekten ungehindert äußern können. Nie klagte er über Beschwerden, die diese Tiere ihm zugefügt hätten, und würde, nach gehabter Erfahrung ihres Daseins, sie vielleicht doppelt unangenehm empfunden haben; wer weiß, hätte dadurch nicht seine Überzeugung von der Gewalt des Gemüts auf körperliche Empfindungen in etwas gewankt. Ich ließ ihn bei seiner Meinung, sorgte für Reinigung seines Schlafzimmers und Bettes, wodurch die Wanzen sich verminderten, obgleich die Laden und

Fenster, um frische Luft zu schaffen, fast täglich, wiewohl ohne sein Mitwissen, geöffnet wurden. Er schlief nach der Zeit ruhiger, ohne zu wissen, warum.

Weder in der Nacht, noch bei Tage transpirierte *Kant.* Vielleicht hatte seine Natur, mehr durch ängstliche, als sorgfältige Vermeidung alles dessen, was Schweiß erregen konnte, sich schon dazu gewöhnt. Auffallend war es aber, dass er in seinem Wohnzimmer eine beträchtliche Wärme ertragen konnte, und sich unglücklich fühlte, wenn nur Ein Grad daran fehlte. Fünfundsiebzig Grad nach Fahrenheit musste der unverrückte Stand seines Thermometers in diesem Zimmer sein, und fehlte dieses im Juli und August, so ließ er seine Stube bis zu dem erforderlichen Standpunkte des Thermometers erwärmen. Im heißen Sommer ging er leicht gekleidet, stets in seidenen Strümpfen, die er nie aufband, sondern durch eine eigene künstliche Vorrichtung in gehöriger Lage zu erhalten suchte. In einer, einem Taschenuhrgehäuse ähnlichen, jedoch kleineren Kapsel war in einem Federhause, um welches sich eine Darmsaite, wie die Kette in der Uhr wand, eine Uhrfeder angebracht, deren ziehende Kraft durch ein Gesperr vermehrt oder vermindert werden konnte. An beiden Enden der doppelten Saite waren zwei Häkchen, die auf beiden Seiten des Strumpfes eingehakt wurden. Zu den Kapseln selbst waren neben der Uhrtasche, dieser ähnliche kleinere Taschen befindlich, die unten eine kleine Öffnung hatten, durch welche die Saiten mit den daran befindlichen Häkchen gingen. Wäre diese Einrichtung nicht so originell und deutete sie nicht zugleich auf Kants Ordnungsliebe und die von ihm im

Auge gehabte Gesundheitsregel hin, den Umlauf des Bluts durch festgezogene Bänder nicht hemmen zu wollen, so verdiente sie kaum einer Erwähnung. Für *Kant* waren diese elastischen Strumpfbänder ein solches Bedürfnis, dass die Unordnung, in welche sie bisweilen gerieten, ihn in Verlegenheit setzte, der ich zum Glück sehr leicht abhalf. Da ihn indessen sein schon erwähnter leichter Anzug im Sommer bei Bewegungen im Freien doch nicht völlig vor Anwandlungen des Schweißes sichern konnte, so hatte er auch dagegen ein Vorbeugungsmittel in Bereitschaft. Er blieb in irgendeinem Schatten und in der Stellung, als wenn er jemanden erwartete, so lange still stehen, bis die Anwandlung zur Transpiration vorüber war. War aber in einer schwülen Sommernacht nur eine Spur von Schweiß bei ihm eingetreten, so erwähnte er dieses Falles mit einer Art von Wichtigkeit, als eines ihm zugestoßenen widrigen Ereignisses.

Fünf Minuten vor fünf Uhr morgens, es mochte Sommer oder Winter sein, trat sein Diener *Lampe* in die Stube mit dem ernsten militärischen Zuruf: *Es ist Zeit!* Unter keiner Bedingung, auch in dem seltenen Fall einer schlaflosen Nacht, zögerte *Kant* nur einen Augenblick, dem strengen Kommando den schnellsten Gehorsam zu leisten. Oft tat er bei Tische mit einer Art von Stolz an seinen Diener die Frage: *Lampe, hat er mich in dreißig Jahren nur an einem Morgen je zweimal wekken dürfen?* »Nein, hochedler Herr Professor«, war die bestimmte Antwort des ehemaligen Kriegers. Mit dem Schlage fünf saß *Kant* an seinem Teetische, trank, wie er es nannte, *Eine* Tasse Tee, die er aber in Gedanken und um sie warm zu erhalten, so oft nachfüllte, dass wenigstens zwei, wo nicht mehrere, aus ihr wurden. Dabei rauchte er die einzige Pfeife für den ganzen Tag mit einem zu diesem Behufe längst gebrauchten Hut auf dem Kopfe, und zwar mit solcher Schnelligkeit, dass ein glühender Aschkegel, den er mit dem gewöhnlichen Namen eines Holländers belegte, zurückbleiben musste. Bei dieser Pfeife überdachte er abermals, wie abends vorher am Ofen, seine Dispositionen, und ging gewöhnlich um 7 Uhr zu seinen Vorlesungen und von diesen an seinen Schreibtisch. Um 3/4 auf 1 Uhr stand er auf, rief der Köchin zu: *Es ist dreiviertel!* Gleich nach der Suppe nahm er einen Schluck, wie er es nannte, der aus einem halben Glase Magenwein, Ungar, Rheinwein, oder auch in Ermangelung jener, aus Bischof bestand. Diesen Wein brachte die Köchin dann herauf. Er ging damit ins Speisezimmer, goss sich ihn selbst ein und umschlug das Glas mit einem Sedezblatt Papier, um das Verrauchen zu hindern. Seine Tischfreunde werden wissen, dass dieses ein wichtiges Geschäft für *Kant* war, das er keinem so leicht anvertrauet hätte, und das daher hier seinen Platz haben musste. Nun erwartete *Kant* seine Gäste, auch noch in den spätesten Zeiten seines Lebens, völlig angekleidet. Bei Vorträgen, in dem Kreise seiner Vertrauten, auch am Tische im Schlafrock zu erscheinen, fand er unschicklich und sagte: *Man müsse sich nicht auf die faule Seite legen.*

So war ein Tag dem andern ähnlich und in dieser ihm weder lästigen noch langweiligen Gleichförmigkeit gingen *Kants* Tage in strenger Ordnung froh dahin. Gerade diese Ordnung und seine sich stets gleiche Diät scheinen viel zu seinem langen Leben beigetragen zu haben, und er sah daher auch seine Gesundheit und sein hohes Alter fast als sein eigenes Werk an; ja als ein Kunststück, wie er es selbst nannte: bei so vielen Gefahren, denen das Leben ausgesetzt ist, sich noch bei allem Schwanken im Gleichgewicht zu erhalten. Er tat sich darauf so viel zu gut, wie der gymnastische Künstler, der lange auf einem schlaffen Seile äquilibriert, ohne von demselben nur einmal hinabzugleiten. Triumphierend über jeden Anfall von Krankheit stand er fest; dennoch aber war er unparteiisch genug, bisweilen zu sagen: Es sei immer etwas impertinent, so lange zu leben, als er, weil dadurch jüngere Leute nur erst spät zu Brote kämen. Diese Sorgfalt für die Erhaltung seiner Gesundheit war auch die Ursache, warum ihn neue Systeme und Erfindungen in der Medizin so sehr interessierten. Er sah das Brownsche System als eine Hauptерfindung dieser Art an. Sobald Weikard dasselbe adoptiert und bekannt gemacht hatte, wurde auch *Kant* mit demselben vertraut. Er hielt es für einen bedeutenden Fortschritt, den nicht nur die Medizin, sondern auch mit ihr die Menschheit gemacht hätte, fand es mit dem gewöhnlichen Gange der Menschheit: nach vielen Umwegen vom Zusammengesetzten endlich zum Einfachen zurückzukehren, sehr übereinstimmend, und versprach sich von ihm noch vieles andere Gute, unter anderen auch in ökonomischer Hinsicht für den Patienten, den Armut hindert, die kostbaren und zusammengesetzten Heilmittel zu gebrauchen. Sehnlich wünschte er daher, dass dieses System bald mehr Anhänger erhalten und allgemein in Umlauf gebracht werden möchte.

Ganz entgegengesetzter Meinung war er aber im ersten Anfange, als D. Jenner seine Erfindung der Kuhpocken bekannt machte, über den großen Vorteil derselben fürs Menschengeschlecht. Er verweigerte ihnen den Namen der Schutzblattern noch sehr spät; meinte sogar, dass die Menschheit sich zu sehr mit der Tierheit familiarisiere und der erstern eine Art von Brutalität (im physischen Sinne) eingeimpft werden könne. Er fürchtete ferner, dass durch Vermischung des tierischen Miasmas mit dem Blute, oder wenigstens mit der Lymphe, dem Menschen Empfänglichkeit für die Viehseuche mitgeteilet werden könnte. Endlich bezweifelte er auch, aus Mangel hinlänglicher Erfahrungen, die Schutzkraft derselben gegen die Menschenblattern. So wenig alles dieses auch Grund haben mochte, so war es doch angenehm, die verschiedenen Gründe für und wider abzuwägen.

*Beddoes* Versuche mit der Lebensluft und dem Stickgas, durch Einatmung der erstern sich die Schwindsucht zuzuziehen, und durch Einziehung der letztern sie zu heilen, so wie Reichs Methode, die Fieber zu heben, machten großen Eindruck auf ihn, der aber auch mit dem Zurücksinken dieser Erfindungen und besonders der letztem in ihr Nichts von selbst aufhörte. Die Theorie des Galvanismus und die Beschreibung der Phänomene desselben konnte er, aller darauf verwandten Mühe ungeachtet, nicht mehr ganz fassen. *Augustins* Schrift über diesen Gegenstand war eine der letzten, die er las, und der er noch Bemerkungen mit Bleistift an dem Rande beifügte. Mir trug er in den letzten Zeiten auf, ihm Auszüge aus dem, was ich darüber gelesen hätte, zu machen.

Allmählich schlichen sich nun bei ihm die Schwächen des Alters ein, und die Spuren derselben waren auf mehr als eine Art bemerkbar. Es schien, als ob das, was *Kants* ganzes Leben hindurch ein Fehler an ihm, obgleich im unmerklichen Grade gewesen, nämlich, eine besondere Art von Vergesssamkeit in Dingen des gemeinen Lebens, nun mit den Jahren einen höhern Grad erreicht hätte. Er selbst gestand, dass er sich diesen Fehler sehr oft habe zuschulden kommen lassen, und führte als Beleg aus den frühsten Jahren seines Lebens folgende Geschichte an. Als ein ganz kleiner Knabe hielt er sich, wie er aus der Schule kam, gewisser, leicht zu erratender Ursachen wegen, einige Augenblicke unter einem Fenster auf, hing seine Bücher an den Ladenriegel und vergaß sie wieder abzunehmen. Bald darauf hörte er den ängstlichen Nachruf einer alten, gutmütigen, ihm unbekannten Frau, die ihm keuchend nacheilte und ihm seine Bücher mit vieler Freundlichkeit einhändigte. Noch in den spätern Jahren seines Lebens vergaß er das Betragen dieser Person nicht, und machte auch kein Geheimnis daraus, dass er sonst schon vergesssam gewesen sei. Was früher sich seltener ereignete, traf nun im Alter öfterer ein. Er fing an, seine Erzählungen mehr als einmal an einem Tage zu wiederholen. Die entferntesten Ereignisse der Vorzeit standen mit aller Lebhaftigkeit und Genauigkeit deutlich vor ihm, nur die Gegenwart machte, wie dieses oft bei Greisen der Fall ist, schwächern Eindruck auf ihn. Er konnte lange deutsche und lateinische Gedichte mit bewunderungswürdiger Fertigkeit rezitieren, doch nur solche, in denen Geschmack, feiner Witz und angenehme komische Darstellungen herrschten, und die dadurch zur Erheiterung der Gesellschaft vieles beitragen konnten. Kraftvolle Stellen aus den lateinischen Dichtern, besonders ganze Abschnitte aus der Äneis standen ihm ohne Anstoß zu

Gebot, während dass ihm das, wovon eben gesprochen wurde, entfiel. Er selbst merkte die Abnahme seines Gedächtnisses und schrieb daher zur Vermeidung der Wiederholung und aus Vorsorge für die Mannigfaltigkeit der Unterhaltung sich die Themata dazu auf kleine Zettel, Briefkuverte und abgerissene unförmliche Papierchen auf, deren Anzahl zuletzt so angewachsen war, dass der verlangte Zettel gemeiniglich nur schwer gefunden werden konnte. Beim Ausweißen seiner Studierstube 1802 im August wollte er sie verbrennen lassen. Ich bat um die Erlaubnis, sie an mich nehmen zu dürfen, und erhielt sie. Einige derselben besitze ich noch und bewahre sie als Reliquien auf, bei deren Ansicht ich mich des darüber Gesagten und der ehemaligen angenehmen und nützlichen Unterhaltungen erinnere. Zur Probe liefere ich einen derselben, so wie ich ihn ohne Auswahl ergreife, und schreibe, nach Weglassung dessen, was sich entweder auf seine Küche bezieht, oder doch nicht fürs Publikum gehört, wörtlich die kurzen, abgebrochenen Sätze hin: »Stickstoffsäure ist eine bessere Benennung als Salpetersäure. Requisita des Gesundseins. Clerici, Laici. Jene Regulares, diese Seculares. Von der ehemaligen Belehrung meiner Schüler, Schnupfen und Husten gänzlich zu verbannen (Respiration durch die Nase). Das Wort Fußstapfen ist falsch; es muss heißen Fußtappen. Der Stickstoff Azote ist die säurefähige Basis der Salpetersäure. Der Winterpflaum (flomos), den die Schafe von Angora, ja sogar die Schweine haben, die in den hohen Gebirgen von Caschmir gekämmt werden, weiterhin in Indien unter dem Namen Shalws, die sehr teuer verkauft werden. Ähnlichkeit des Frauenzimmers mit einem Rosenknöpfchen, einer aufgeblühten Rose und einer Hagebutte. Vermeinte Berggeister, Nickel, Kobolt. Duroc usw.« Statt dieser Zettelchen machte ich ihm kleine Büchelchen von einem Bogen Postpapier in Sedez gebunden.

Ein zweites Zeichen seiner Schwäche war seine Theorie über das allerdings merkwürdige Phänomen, den Katzentod in Basel, Wien, Kopenhagen und andern Orten. Er hielt ihn für eine Folge der damals nach seiner Meinung herrschenden Elektrizität von eigener Art, und diese insbesondere von nachteiligen Folgen für diese an sich elektrischen Tiere. Auch wollte er überdem in jener Epoche und der auf sie folgenden Zeit eine besondere Figur der Wolken wahrgenommen haben. Ihm kamen die Grenzen derselben nicht so scharf gezeichnet vor, der Himmel schien ihm gleicher bezogen und nicht mit Gebirgen ähnlichen Wolken bedeckt zu sein. Davon sollte nun diese Art der Elektrizität die Ursache sein. Aber nicht bloß die dem Seifenwasser ähnlichen Wolken, nicht bloß den Katzentod, nein, auch seine Kopfbedrückungen leitete er von derselben Ursache ab. Was er aber Kopfbedrückungen nannte, dürfte wohl eher ein vom eintretenden Alter herrührendes Unvermögen gewesen sein, nicht mehr mit der vorigen Leichtigkeit und so scharf denken zu können, als er es sonst gewohnt war. Einer jeden Remonstration gegen seine Theorie suchte er auszuweichen. Seine Überzeugung von ihrer Gewissheit wurde auch dadurch noch vergrößert, dass seine Freunde aus Schonung und Delikatesse für ihn, ihm nicht geradezu widersprachen. Gern ließ man ihm die individuelle Überzeugung: dass sein Zustand vom Einfluss der Witterung abhänge, weil doch nichts so leicht eine Änderung zulässt, als diese Hoffnung, auch nur im weitesten Prospekt, die demnach ihn wieder mutvoll und zufrieden machte. Wer von seinen teilnehmenden Freunden hätte gerade diesem Leidenden den noch etwas lichten Prospekt durch unnötige Zweifel verdunkeln, wer ihm die letzte Hoffnung des Besserwerdens durch Widerspruch rauben können? Seine tägliche und an einem Tage mehr als einmal wiederholte standhafte Behauptung, dass nichts anderes, als diese Art der Elektrizität, die Ursache seines Übels sei, setzte es seinen Freunden außer Zweifel, dass die Natur ihre Rechte über ihn behaupte, und dass er unter der Bürde der Jahre zu sinken beginne. *Kant,* der große Denker, hörte nun auf zu denken.

Vielleicht glaubt man eine Art von verborgener Eitelkeit hierin zu bemerken, als ob er, seiner ehemaligen Größe sich bewusst, seine nun anrückende Schwäche habe ableugnen, verhehlen, oder auch beschönigen wollen? Nichts weniger; seine eigenen Ausdrücke sind entscheidend und rechtfertigen ihn gegen jeden Argwohn dieser Art.

Schon im Jahre 1799, da sie kaum bemerkbar wurde, sagte er einst, indem er sich über seine Schwäche erklärte, in meiner Gegenwart: »*Meine Herren, ich bin alt und schwach, sie müssen mich wie ein Kind betrachten.*«

Vielleicht sollte man denken, er habe den herannahenden Tod und besonders, wegen seiner zunehmenden Kopfbedrückungen, einen ihn in jeder Stunde bedrohenden Schlagfluss gefürchtet? Vielleicht war mit der langen Lebensgewohnheit die Anhänglichkeit an das Leben, wie dieses oft bei Greisen der Fall ist, gewachsen? Nein! auch dieses nicht. Er blieb der Resignation auf dasselbe und der ruhigen Erwartung des Todes stets fähig. Auch hierüber sind seine Äußerungen, die schon anderwärts, aber aus ihrem rechten Gesichtspunkte verschoben, öffentlich angeführt sind, des Aufbehaltens wert. »*Meine Herren*«, sagte er, »*ich fürchte nicht den Tod, ich werde zu sterben wissen. Ich versichere es ihnen vor Gott, dass, wenn ich's in dieser Nacht fühlte, dass ich sterben würde, so wollte ich meine Hände aufheben, falten und sagen: Gott sei gelobt! Ja, wenn ein böser Dämon mir im Nacken säße und mir ins Öhr flüsterte: Du hast Menschen unglücklich gemacht! dann wäre es etwas anderes.*« Dieses sind Worte eines durchaus rechtlichen Mannes, der mit Begehung einer Unlauterkeit sich nicht das Leben erkauft hatte, der die Worte sich oft zurief und sie sich fast zum Wahlspruch gemacht hatte: Crede summum nefas, animam praeferre pudori et propter vitam vivendi perdere causas. Wer von seinen Tischfreunden Zeuge war, wenn *Kant* von seinem Tode sprach, wird mir beistimmen, dass keine Heuchelei bei ihm im Hinterhalte versteckt war.

Die allmählich sinkenden Kräfte des von seinen Arbeiten ermüdeten Greises brachten nach und nach eine Änderung in seiner bisherigen Lebensweise zuwege. Seit langer Zeit war er gewohnt, um 10 Uhr schlafen zu gehen und um 5 Uhr geweckt zu werden. Der letzten Gewohnheit blieb er treu, der ersteren aber nicht. Er hatte zwar noch Ressourcen in sich, musste aber doch schon anfangen, mit jeder Kraft sehr haushälterisch umzugehen. Zuerst setzte er also seiner Schlafzeit einige Minuten zu, die sich sehr bald zu Stunden vermehrten. Im Jahre 1802 ging er schon um 9 Uhr und späterhin noch früher ins Bett. Er fühlte, durch diese Verlängerung seiner Ruhe sich gestärkt. Fast glaubte er, das rechte Mittel zur Vermehrung seiner Kräfte gefunden zu haben, vermehrte daher den Gebrauch desselben, aber mit wenigem Erfolg.

Seine Spaziergänge schränkte er auf eine kurze Promenade im Königsgarten unweit seines Hauses ein. Um fester zu gehen, beobachtete er damals eine eigene Manier. Er setzte den Fuß perpendikulär mit einem gewissen Stampfen auf die Erde, um teils, wenn er mit der ganzen Fußsohle die Erde berührte, die Basis zu vergrößern; teils auch fester in den sandigen Boden zu treten. Dennoch fiel er einst auf der Straße. Zwei Damen eilten, ihm aufzuhelfen, weil er's selbst nicht konnte. Er dankte sehr für den tätigen Beistand dieser ihm unbekannten Personen und präsentierte, noch den Grundsätzen seiner Artigkeit treu, der einen die Rose, die er eben in der Hand hatte, die sie mit überaus großer Freude annahm und zum Andenken aufbewahrt.

Vielleicht war dieser Fall die Ursache, warum er seine Spaziergänge in der Folge ganz einstellte. Die Urteile seiner Freunde waren darüber geteilt, ob *Kant aus* Schwäche nicht mehr ausgehen konnte; oder ob die unterlassene Bewegung ihn noch mehr geschwächt habe. Auch seine Arbeiten, die mehr im Lesen, als im Schreiben bestanden, gingen ihm nun langsamer vonstatten. Jede Beschäftigung wurde dem bisher so tätigen Manne, besonders wenn sie mit körperlichen Bewegungen verbunden war, lästig. Seine Füße versagten ihm den Dienst immer mehr. Er fiel sowohl im Gehen als im Stehen, aber fast stets ohne Verletzung, belachte jeden Fall und behauptete, er könne wegen der Leichtigkeit seines Körpers nicht schwer fallen. Oft, besonders des Morgens, schlief er vor Mattigkeit auf seinem Stuhle ein, fiel im Schlafe herunter, konnte sich selbst nicht helfen und blieb dann ruhig liegen, bis irgend jemand kam. Später wurde der gewöhnliche Stuhl mit einem anderen, der rings umher eine Lehne hatte, verwechselt, und seit dieser Zeit kamen dergleichen Unfälle bei *Kant* nicht mehr vor.

Dieses Einschlafen außer der Zeit hätte auch noch auf eine andere Art für ihn nachteiliger werden können. Er sank beim Lesen dreimal kurz nacheinander mit dem Kopfe ins Licht; die baumwollene Nachtmütze entzündete sich und stand in hellen Flammen auf seinem Kopfe. Ohne aber darüber zu erschrecken, nahm er sie mit bloßen Händen ab, achtete den Schmerz des Verbrennens nicht, legte sie ruhig auf die Mitte des Fußbodens und trat sie mit den Füßen aus. Ich stellte ihm indes die Gefahr dieses Wagstückes vor, dass die Flamme seine Schlafröcke ergreifen und er leicht verbrennen könnte, hielt von nun an ein Glas und eine Flasche Wasser auf seinem Tische in Bereitschaft, ließ die Form der Nachtmützen ändern und bat ihn, meinen Rat zu befolgen, dass, wenn je wider Vermuten dieser Vorfall sich ereignen sollte, er die Flamme ja nicht mit den Füßen austreten möchte. Bei diesen Vorkehrungen und einer weitern abgemessenen Distanz des Lichts, an welche *Kant* sich bald gewöhnte, wurde dem Übel, das nicht bloß für ihn, sondern auch für andere hätte schädlich sein können, vorgebeugt.

Mit den Auszahlungen seines Geldes konnte *Kant* sich, ohne Nachteil für sich, nicht mehr beschäftigen. Er bezahlte einer ehrlichen Frau fünf Taler für Lichte, gab aber statt halber Gulden Guldenstücke und folglich die doppelte Summe. Die Frau war schon im Begriff, das Geld an sich zu nehmen, als sie Kante Versehen bemerkte und die halbe Summe zurückschob. Er erzählte sogleich seinen Fehler, um die Ehrlichkeit der Frau nicht zu verschweigen. Aber von seinen Geldempfängern war vielleicht nicht jeder so ehrlich, wie diese Frau. Gewiss hat mancher die Schwäche *Kants* auf eine unedle Art gemissbraucht.

Jene Unfälle, welche erlittene Verluste und das Gefühl von seiner zunehmenden Schwäche, sowie die Überzeugung von der Notwendigkeit einer baldigen Unterstützung durch eine fremde Kraft neigten ihn immer mehr zu mir hin. Er hatte sich stets etwas aufgezeichnet, um mit mir darüber Rücksprache zu nehmen, mich um Rat zu fragen, oder um die Besorgung einer ihm nötigen Sache zu bitten. So ungern er es, besonders in seinen frühern Jahren, sah, wenn seine Freunde ihn außer der Zeit besuchten, so fing er doch jetzt an, den Wunsch lauter werden zu lassen, dass ich, wenn es meine Zeit erlaubte, im Vorbeigehen antreten und sehen möchte, was er mache. Die Art, mit der er dieses tat, war so einladend für mich, dass ich seinen Wunsch gern erfüllte. Bald aber hätte mich ein Umstand abgeschreckt, meine Besuche zu wiederholen. Ich kam nur in der Absicht hin, um nachzusehen, ob ihm etwas zu seiner Bequemlichkeit oder irgend etwas Notwendiges fehle, ob ich durch Rat oder Tat ihm konnte behilflich sein; aber er machte mit sichtbarer Anstrengung den unterhaltenden Wirt und war mehr galant, als unbefangen. Ich suchte der Sache dadurch eine andere Wendung zu geben, dass ich meine folgenden

Besuche auf wenige Minuten einschränkte, und überhob ihn dadurch der Mühe der Unterhaltung. Ich verweilte länger, wenn ich das Wort hatte, machte aber Miene zum Aufbruch, sobald ich merkte, dass die Unterhaltung ihn ermüde. In dieser abgemessenen Distanz gingen einige Zeiten hin.

Auch ein anderer Umstand, der öftere Besuche nötig machte, kam noch hinzu. Seine Geldgeschäfte hatte bisher Herr D. J. übernommen, der *Kants* volles Vertrauen besaß und verdiente. Dieser Freund *Kants* verließ Königsberg, und so hörte mit seinem Aufenthalt an diesem Orte auch natürlich sein ihm geleisteter Beistand auf. Kaum darf ich glauben, dass, wenn diese Trennung nicht erfolgt wäre, er sich so bald an mich angeschlossen hätte. Unentschlossenes Hin- und Herschwanken, schnelles Abspringen in der Freundschaft und Wandelbarkeit in seinem Zutrauen waren nicht Fehler des Mannes, der seine Maximen sorgfältig prüfte, treulich lehrte und fest nach ihnen handelte.

Zwar beeiferten sich auch seine Tischfreunde, ihm mit dem Mehrteil ihrer Kräfte treulich auszuhelfen, so dass fast jeder die Besorgung eines Zweiges seiner Ökonomie übernahm; ja sogar ein von *Kant* sehr geschätzter auswärtiger Freund für seine Küche sorgte. An mich wandte er sich, wenn ihm Wäsche und Kleidungsstücke fehlten, oder Reparaturen in seinem Hause nötig waren. Bei der Besorgung aller dieser Bedürfnisse fehlte ihm aber noch jemand, der sich seiner Geldangelegenheiten und fast aller seiner häuslichen Bedürfnisse annehmen möchte.

So geschickt *Kant* zu Kopfarbeiten war, so unbeholfen war er in Handarbeiten. Nur die Feder verstand er zu regieren, aber nicht das Federmesser. Ich musste ihm daher gemeiniglich die Federn nach seiner Hand schneiden. Lampe verstand es noch viel weniger, irgendeinem Mangel im Hauswesen abzuhelfen. Nie sah er, woran es lag, dass eine Sache nicht Dienst tun wollte, vielmehr wandte er bloß Gewalt an und wollte, was er mit dem Kopfe nicht zwingen konnte, mit der Hand allein bewerkstelligen. Bei einem solchen Verfahren war dann oft guter Rat teuer. Der große Theoretiker und der kleine Praktiker in der Mechanik, Kant und Lampe, jener ganz Kopf, dieser ganz Hand, waren oft über unbedeutende Dinge verlegen. Jener entwarf das Problem, einer Sache abzuhelfen, dieser besorgte die Auflösung, aber nicht des Problems, sondern der Sache selbst, die er oft durch falsch angewandte Gewalt zertrümmerte. Es war *Kant* überaus angenehm, wenn kleinen Mängeln, als dem Knarren oder dem schwierigen Auf- und Zugehen einer Türe auf der Stelle, ohne fremde Beihilfe, mit Leichtigkeit und besonders ohne Geräusch abgeholfen, oder wenn der irreguläre Gang seiner Uhr (die *Kant* so lieb hatte, dass er bisweilen sagte: wenn er in Not wäre, müsste sie das letzte Stück sein, das er verkaufen würde) verbessert wurde. Mir, der ich mich mit mechanischen Handarbeiten beschäftiget hatte, gelang so etwas leicht. Gewohnt, zuerst den Sitz des Übels und der entgegengesetzten Wirkung aufzusuchen, fand ich den Fehler bald, und half ihm oft ohne Werkzeuge ab. Die Schnelligkeit, mit welcher dieses bisweilen geschah, erregte *Kants* Bewunderung und Freude, besonders dann, wenn er selbst das Übel für unheilbar gehalten hatte, dass er von mir bisweilen sagte: ich wüsste in allen Dingen Rat. Ich würde diese Äußerung mit Stillschweigen übergangen haben, wenn sie mir nicht den Aufschluss zu geben schiene, warum *Kant* vor seinen übrigen Tischfreunden gerade mich wählte. Seine abnehmenden Kräfte veranlassten ihn wahrscheinlich, sich nach jemanden umzusehen, der, nach seinem Ausdruck, so etwas Rat wüsste. Außer dieser Ursache mochte es auch vielleicht die Wahrnehmung sein, dass die weitläufigeren Geschäfte seiner übrigen Freunde es ihnen nicht erlaubten, sich seiner täglich und so anzunehmen, als es seine Hilfsbedürftigkeit notwendig erforderte. Hiezu kam noch die geringe Entfernung meiner Wohnung von der seinigen und die Gewissheit, dass ich nicht, wie einige andere seiner Tischfreunde, weite und langwierige Amtsreisen übernehmen durfte, die mich von ihm getrennt hätten.

Dieser angeführte Zusammenschluss mehrerer Umstände setzt es außer Zweifel, dass *Kant* bei seiner Wahl in meiner Person zu seinem Beistände, nicht die größern Vorzüge seiner übrigen Tischfreunde übersah, sondern nur durch die angezeigten Umstände zu derselben bestimmt wurde. Vielleicht mag auch die schnelle Pünktlichkeit, mit der ich seine Aufträge durch Beihilfe meiner Familie besorgte, eine Nebenursache gewesen sein, mich zu wählen. Gerade durch schnelle Besorgung einer Sache geschah ihm ein großer Gefallen. Wurde seine Frage: Kann das *auf der Stelle* geschehen? mit seinen eigenen Worten: »Ja, auf der Stelle!« beantwortet, so rief er mit sichtbarer Freude aus: O! das ist herrlich! Ein bloßes Ja! war ihm eine zu schwache Affirmation.

Man kann es als ein drittes Kennzeichen seiner Schwäche ansehen, dass er mit der Zunahme derselben zugleich alles Zeitmaß, besonders in kleinern Abschnitten derselben, verlor. *Eine* Minute, und ohne alle Übertreibung, ein weit kleinerer Zeitraum schien eine ganz unverhältnismäßig lange Zeit für ihn zu sein. Er konnte sich durchaus nicht davon überzeugen, dass die Besorgung einer, mit der schnellsten Geschwindigkeit beendigten, Sache nicht lange gedauert hätte.

Am Anfange seines letzten Lebensjahres fiel es ihm, wider seine sonstige Gewohnheit, bisweilen ein, nach vollbrachter Mahlzeit am Tische, noch in der völligen Stellung der Speisenden, mit seinen Tischgästen, besonders aber, wenn ich bei ihm speiste, eine Tasse Kaffee, wobei ich wider meinen Wunsch eine Pfeife Tabak rauchen musste, zu trinken. Er freute sich schon den Tag vorher auf meine Anwesenheit, den Kaffee und die Pfeife, bei welcher letzteren er aber nie Gesellschaft leistete, außerordentlich. Er sprach über Tische schon oft davon, hatte diesen Umstand sich in sein Büchelchen, das ich ihm statt jener Zettel verfertigen ließ, aufgezeichnet. Da dieser neu erfundene, der Verdauung nicht eben vorteilhafte Nachtisch die Mahlzeit oft verlängerte und mir zu viel Zeit nahm, so suchte ich, wenn's möglich war, demselben auszubeugen. Oft war er bei Tische in Gesprächen so vertieft, dass er es vergaß, dass ich, sein ex officio rauchender Gast, am Tische säße. Die Sache blieb dann bisweilen auf sich beruhen, welches ich auch um so lieber sah, weil ich vom Kaffee, diesem ihm ungewöhnlichen Getränke, mehrere Beunruhigung bei ihm in der Nacht befürchtete. Gelang aber der Versuch nicht, den Kaffee ihn vergessen zu machen, so kam die Sache etwas übel zu stehen; besonders, wenn es schon spät an der Zeit war. Die Äußerungen einer doch noch immer sanften Ungeduld waren bisweilen sehr naiv und reizten zum Lächeln. Es sollte der Kaffee *auf der Stelle* (ein ihm gewöhnlicher Ausdruck) geschafft werden. Alle Vorkehrungen waren an dem Tage, an welchem ich bei ihm speisete, schon zur schnellsten Bereitung desselben getroffen. Es durfte an dieses ihm so wichtige Werk zu seiner Vollendung nur die letzte Hand angelegt werden. Pfeilschnell eilte der Bediente, den Kaffee in das schon kochende Wasser zu schütten, ihn aufsieden zu lassen und heraufzubringen; doch währte ihm diese kurze, dazu erforderliche Zeit unausstehlich lange. Auf jede Vertröstung erwiderte er etwas anderes und war über Abänderung der Formeln nie verlegen. Sagte man: der Kaffee wird gleich gebracht werden, so erwiderte er: *»ja, wird;* das ist der Knoten, dass er erst gebracht werden wird.« Hieß es: er kommt bald! so fügte er hinzu: »Ja, *bald;* eine Stunde ist auch bald, und so lange hat es schon nach der Zeit gedauert, als es auch bald hieß.« Endlich sagte er mit stoischer Fassung: »Nun darüber kann ich sterben; und in jener Welt will ich keinen Kaffee trinken.« Er stand auch wohl vom Tische auf und rief zur Türe hinaus und das ziemlich verständlich: Kaffee! Kaffee! Hörte er endlich den Diener die Treppe hinaufkommen, so rief er jauchzend: *»Ich sehe Land!«* wie der Matrose vom Mastkorbe. Auch das Kaltwerden des Kaffees erforderte eine für ihn zu lange Zeit; ob er gleich in mehrere Tassen umgegossen wurde. War er endlich zum Genuß völlig fertig, so hörte man auch wohl ein Heisa Kurage, meine Herren! bei dessen Aussprache, besonders des zweiten Wortes, er das r aus Freude außerordentlich schärfte, und wenn alles genossen war, ein: Und hiemit Basta! welchen Ausdruck er mit einem Tempo, mit dem er die Tasse stark hinsetzte, gewöhnlich begleitete.

Um ihm manche Ungeduld zu ersparen, hielt ich jede, von ihm etwa verlangte, und dem Verderbnis nicht so leicht ausgesetzte Sache vorrätig, oder ließ sie von mir holen. Diese Maßregel erleichterte ihm seine sonst so freudenleeren Tage ungemein; ja er fing an zu glauben, dass er ohne meine Beihilfe nicht wohl bestehen könnte. Ich richtete mich daher so ein, ihn täglich eine halbe Stunde zu besuchen.

Nach dem bereits Angeführten war zu vermuten, dass die bemerkten Idiosynkrasien *Kants* bei zunehmender Schwäche leicht in eine Art von Eigensinn übergehen würden, der in einem genaueren Umgange mit ihm manche Unannehmlichkeiten hätte herbeiführen können. Ich bestimmte mir also die nötigen Grundsätze, die ich beobachten wollte, um ihm und mir die Lage zu erleichtern. So sehr ich den großen Mann verehrte, so erlaubte ich mir doch nie irgend eine Schmeichelei, urteilte mit Freimütigkeit, jedoch ohne auf die entfernteste Weise anmaßend zu sein, und bestand mit Beharrlichkeit auf dem, was ich als entschieden nützlich und gut für ihn erkannte. Dieses Betragen war es ohne Zweifel, was mir sein Vertrauen immer mehr erwarb. *Kant,* als edler Mann, verabscheute nichts so sehr, als elende Kriecherei. Mit seinen zunehmenden Jahren schlichen sich manche irrige Meinungen, mancher ungegründete Verdacht, manche mürrische Äußerungen gegen sein Gesinde ein. In den meisten Fällen, wo er fehlte, beobachtete ich ein tiefes Stillschweigen. Fragte er mich, wo er Unrecht hatte, um meine Meinung, so sagte ich mit Freimütigkeit, dass ich aus diesen oder jenen Gründen, die ich nach Maßgabe der Sache anführte, nicht seiner Meinung sein könnte. Ein entgegengesetztes Betragen, Schmeichelei und Parteilichkeit, wären gewiss die sichersten Mittel gewesen, mich seines Vertrauens und seiner Achtung verlustig zu machen; weil jeder edle Mensch sich lieber sanften und mit Gründen unterstützten Widerspruch, als feige und parteiische Nachgiebigkeit gefallen läßt, und man diejenigen, die sich jemandes übereilten Urteilen und unzulässigen Wünschen bequemen, nach kälterer Beurteilung und ruhigerer Prüfung gewöhnlich mit tiefer Verachtung bestraft.

In früheren Jahren war *Kant* zwar keines Widerspruchs gewohnt. Sein durchdringender Verstand; sein ihm stets zu Gebot stehender, nach Umständen oft kaustischer Witz; seine ausgebreitete Gelehrsamkeit, vermöge welcher er sich in jedes Gespräch einlassen, sich keine fremde Meinung oder keine Unwahrheit aufbinden lassen durfte; seine allgemein anerkannte edle Gesinnung; sein streng-moralischer Lebenswandel, hatten ihm eine solche Superiorität über andere verschafft, dass er vor ungestümem Widerspruch sicher war. Wagte es dennoch jemand, in Gesellschaften ihm zu laut oder auf eine witzig sein sollende Art zu widersprechen, so wusste er durch unerwartete Wendungen das Gespräch so zu leiten, dass er alles für seine Meinung gewann, und so der kühnste Witzling schüchtern und stumm gemacht wurde. Es war daher eine kaum zu vermutende Erscheinung, dass er meine beigebrachten Gründe, zwar mit prüfendem Ernst, jedoch ohne Unwillen, ruhig anhörte. So liebenswürdig blieb der große Mann, auch selbst als schwacher Greis. Oft ohne den mindesten Anstand, ohne Einwendung gab er seinen heißesten Wunsch auf, wenn ich ihm denselben, als seiner Gesundheit nachteilig, vorstellte, und entsagte selbst langen Gewohnheiten, wenn ich ihn darauf aufmerksam machte, dass sein jetziger Zustand eine Änderung in denselben erfordere. Hatte er sich dann einmal aber an die neue bessere Ordnung der Dinge gewöhnt, und die Vorteile meiner Vorschläge eingesehen, so dankte er mir mit vieler Rührung für meine Beharrlichkeit. Ich vermied es sorgfältig, ihm, geradezu, zu widersprechen, wartete gemeiniglich einen gelegenern Zeitpunkt, eine ruhigere Lage bei ihm ab, wiederholte aber dennoch unermüdet meine Vorschläge, wenn er ja einige derselben sogleich anzunehmen Bedenken trug, bis sie endlich durchgingen. Er schlug mir daher auch nie etwas geradezu ab. Seine Bitte um Dilation der Ausführung eines Vorschlags war oft rührend; besonders wenn Wäsche gewechselt werden sollte. Ich machte daher schon frühere Anträge dazu, um durch einigen Aufschub doch nichts für seine Reinlichkeit zu verlieren. So sehr *Kant* zu dieser geneigt war, so angelegentlich protestierte er doch gegen die Anwendung jener Reinlichkeitsregel unter dem Vorwande, dass er nie transpiriere.

Mit jedem Tage nahm meine Anhänglichkeit an ihn zu. Welches empfindende Herz fühlt nicht das Ehrenvolle des Berufes, die Stütze eines ehrwürdigen Greises zu sein, der die Bürde des Alters so mutvoll und standhaft trug? Wer hätte nicht willig zu ihrer Erleichterung untertreten wollen? Ein vorteilhafter Umstand war es für mich, dass ich ihn schon morgens um 5 Uhr sprechen konnte. Erlaubten meine Geschäfte es nicht, die gewöhnliche Zeit zwischen 9 und 10 Uhr einzuhalten, so wählte ich die frühern Morgenstunden zu seinem Besuch. Jeder Tag brachte mir Gewinn, denn täglich entdeckte ich eine liebenswürdige Seite seines guten Herzens mehr; täglich erhielt ich neue Versicherungen seines Zutrauens. So verschieden auch die Situationen und Verhältnisse waren, in denen ich ihn zu beobachten Gelegenheit hatte; so habe ich doch stets große Tugenden neben nur kleinen Fehlern an ihm wahrgenommen.

*Kants* Größe als Gelehrter und Denker ist der Welt bekannt, ich kann sie nicht würdigen; aber die feinsten Züge seiner bescheidenen Gutmütigkeit hat keiner so zu beobachten Gelegenheit gehabt, als ich. Er wusste alles sorgfältig dem Auge anderer unbemerkbar zu machen, was zu seinem Lobe gereichen konnte. Nicht jedem ist es gegeben, die gut gemeinten Vorschläge eines andern, der tief unter ihm steht, mit Bereitwilligkeit anzunehmen und mit Festigkeit zu befolgen; und dennoch tat es dieser Mann. Denn bei seinem großen Verstande, der zwar bisweilen nur noch unter der Asche loderte; aber auch oft in lichten, selbst blendenden Flammen wieder aufschlug, maßte er sich in diesen lichtern Augenblicken keine Untrüglichkeit an; sondern benutzte sie vielmehr nur dazu, seinem Freunde für seine Vorkehrungen zu danken, und die Versicherungen des gegen ihn fortdauernden und vermehrten Zutrauens zu erneuern: wie ausgezeichnet tritt hier *Kant* aus der Reihe gewöhnlicher Menschen, die viele um Rat fragen, und keinen Rat befolgen! Er handelte konsequenter und von den beiden Alternativen: entweder nach seinem eigenen Gutdünken selbständig und unerschüttert fest zu handeln; oder im Fall er dieses nicht tunlich fand, dem Rate dessen, dem er einmal sein Zutrauen geschenkt hatte, unbedingt zu folgen, wählte er die letztere. Nie verdarb er mir den kleinsten Plan durch eigene Dazwischenkunft, und nie machte er ein Geheimnis daraus, sich mir ganz hingegeben zu haben. Dieses Betragen sowohl als manches vorteilhafte Zeugnis über meine Verfahrungsart jagte mir dann oft eine Schamröte ab; und da *Kant* in diesem Falle keine Schonung für mich gestatten wollte, so empfand ich oft, dass zu viel Güte peiniget. Was bisher nur Verbindung aus Bedürfnis und Umgang gewesen war, bildete sich nach und nach, ich darf es der Wahrheit gemäß sagen, zum freundschaftlichen Wohlwollen aus, dessen herzliche und fast zärtliche Ergießungen wörtlich anzuführen, die Bescheidenheit verbietet, die sich aber meinem Herzen auch um so stärker eindrückte, je ausgemachter es war, dass dieser gerade Mann nichts anders sagen konnte, als er wirklich empfand.

*Kant* hatte das blendende Paradoxon des Aristoteles adoptiert: Meine lieben Freunde, es gibt keine Freunde. Er schien dem Ausdrucke: *Freund* nicht den gewöhnlichen Sinn unterzulegen, sondern ihm so etwa, wie das Wort *Diener* in der Schlussformel des Briefes oder im gewöhnlichen Empfehlungsgruß zu nehmen. Hierin war ich mit ihm nicht einerlei Meinung. Ich habe einen Freund im vollen Sinne des Worts, dessen Wert es mir unmöglich machte, *Kants* Meinung beizustimmen. Bis hieher war *Kant* sich selbst genug gewesen, und hatte, da er

Leiden nur den Namen nach kannte, keines Freundes bedurft. Jetzt durch seine Schwäche fast bis zum Hinsinken niedergedrückt, sah er sich nach einer Stütze um, ohne die er sich nicht mehr aufrecht erhalten konnte. Als ich daher bei Gelegenheit seiner sehr andringenden Freundschaftsversicherung meinen Unglauben mit Beziehung auf jenes Paradoxon äußerte, war er offenherzig genug, zu gestehen, dass er jetzt mit mir einerlei Meinung sei und Freundschaft für keine bloße Chimäre halte.

Bei seiner Delikatesse und der sorgfältigsten Vermeidung alles Lästigwerdens stand er noch immer an, mir seine gesamten Angelegenheiten anzuvertrauen, so wie ich im Gegenteil auch nie für ihn mehr tat, als er von mir verlangte, oder was er mir freiwillig zugestanden hatte: nämlich ihm meine Vorschläge zu Erleichterung seines Zustandes, auch unaufgefordert, vorzulegen. Im November 1801 machte er mich mit seinem Wunsch bekannt, sein Vermögen und alles, was auf ihn nähern oder ferneren Bezug haben könnte, gänzlich abzugeben, und sich, wie man zu sagen pflegt, in Ruhe zu setzen. Er eröffnete mir dieses nach und nach, bat mich zuerst um die Gefälligkeit, sein vorrätiges Geld durchzuschießen und es nach den verschiedenen Münzsorten abzuteilen. Vermutlich hatte sich kurz vor diesem Antrage ein *Kant* auffallendes und ihm nicht so recht erklärbares Ereignis mit dem Gelde zugetragen. Er übergab mir zuerst die Schlüssel, die er sein Heiligtum zu nennen pflegte, zur Vollziehung seines Auftrages, und ging ins andre Zimmer. Ich wurde über diesen neuen Beweis seines Zutrauens verlegen, weil es mir nicht unbekannt war, dass in diesem Schranke die auf sein Vermögen sich beziehenden Papiere befindlich waren, deren Inhalt er als ein Geheimnis bewahrte. Er kehrte bald aus seinem Zimmer zurück und bot mir die auf ihn geprägte Medaille zum Andenken an, gab mir auch, um sein Gesinde vor Verdacht der Entwendung nach seinem Tode zu sichern, ein schriftliches Schenkungsdokument darüber. Von wem und bei welcher Gelegenheit ihm diese Medaille gegeben worden, ist mir unbekannt. Wie man aber hat behaupten können, dass sie ein Geschenk der Judenschaft gewesen für die Erklärung schwerer Stellen des Talmuds, worüber er ihnen Vorlesungen gehalten habe, ist mir unbegreiflich. *Kant* und der Talmud scheinen mir wenigstens zu heterogen, als dass sich beides miteinander auf irgendeine Art vereinigen ließe. Ohnerachtet der feierlichsten Versicherung seines Zutrauens zu mir, die er mir in dieser Stunde gab, und welches er, wie es der Erfolg bewies, auch wirklich in mich setzte, übernahm ich nicht leicht etwas von Bedeutung für ihn, ohne vorher wenigstens einen seiner übrigen Freunde zu Rate zu ziehen. Ich wählte dazu besonders Hrn. R. R. V., einen durch seine ausgebreiteten Kenntnisse, edles Herz und große Bescheidenheit ausgezeichneten Mann, auf den *Kant* einen überaus großen Wert setzte, und mit dem ich, in den ersten Jahren der Tischfreundschaft *Kants,* lange Zeit hindurch an einem Tage in der Woche aß. Da ich seinen Namen nur mit dem Anfangsbuchstaben bezeichne, so erlaube ich mir, *Kants* eigenes Urteil über ihn, das er am Anfange seine 80sten Jahres in sein Tagebüchlein geschrieben hatte, herzusetzen: »*Hr. B. sowohl in Ansehung seiner Laune und Denkungsart, als auch seiner Einsicht, als Menschenfreund und in Geschäften eine seltene Erscheinung.*« Diesem Manne legte ich jeden meiner Einwürfe zur Notiz, Prüfung, Verbesserung und Genehmigung vor. Ich konnte mich dadurch teils gegen die, vielleicht sonst entstehenden Vorwürfe eines zu übereilten und willkürlichen Verfahrens gegen andere und mich selbst rechtfertigen; teils wirklichen Gewinn für *Kant*, aus der Zirkumspektion und Erfahrung dieses achtungswerten Mannes ziehen. *Kant* nahm überdem meine Vorschläge mit noch größerm Zutrauen an, sobald er erfuhr, dass ich mit Hrn. R. R. V. darüber Rücksprache genommen hatte.

Nachdem mir *Kant* seine Angelegenheiten einmal übergeben hatte, enthielt er sich, so viel es nur möglich war, aller eigenen Auszahlungen, tat schlechterdings nichts, ohne meinen Rat; wenigstens nie etwas ohne mein Vorwissen. Die untere Behörde musste nie übergangen werden, und das Urteil der niedrigern Instanz erhielt stets die Bestätigung der höhern.

Die erste Zeit nach der Übergabe wandte ich dazu an, um mit seinen Angelegenheiten und Papieren bekannt zu werden. Von letzteren war nichts mehr vorhanden, als was auf sein Vermögen Bezug hatte. Er machte mich mit dem Bestände desselben bekannt und fügte hinzu: dass, obgleich er alles ehrlich erworben habe, die Größe desselben doch keiner wisse, als der, der es auf Zinsen an sich genommen hätte. Er wünschte, dass nur ich die Summe wissen, aber auch als Geheimnis bewahren möchte. Späterhin erlaubte er mir, Hrn. R. R.V. von allem Auskunft zu geben, da eintretende Umstände, über welche ich mit ihm Rücksprache zu nehmen hatte, es notwendig machten. Seine übrigen gelehrten Arbeiten und

Papiere hatten zwei jetzt anwesende Gelehrte in Empfang genommen. Von gelehrter Korrespondenz war kein Blatt vorhanden. Von seinem noch unvollendeten Manuskript soll unten Erwähnung geschehen.

Über manche zu meiner Notiz nötige Dinge und Familiennachrichten holte ich von ihm Nachricht ein, die er mir mit vieler Genauigkeit und ohne Zurückhaltung gab.

Zuerst fand ich aus Gründen notwendig, sein Geld an einen andern Ort und in einen andern Schrank, in versiegelten und mit Aufschriften versehenen Beuteln zur Aufbewahrung zu verlegen. Ich erlaube mir hier zur Rechtfertigung dieser Vorkehrung eine Unterbrechung des Zusammenhanges. Laut Testament war *Kants* Vermögen Anno 1798 42 930 Gulden oder 14 310 Taler, sein Haus und seine Mobilien nicht mitgerechnet. Seit der Zeit waren die Einkünfte von seiner Schriftstellerei und seinen Vorlesungen beinahe unbedeutend, weil er nunmehr weder schrieb noch las. Ein Kapital von 10 000 Taler, das zu 6 vom H. ausgetan war, ging ein, und wurde nur zu 5 Prozent auf Ingrossation ausgeliehen; daraus entstand ein jährlicher Ausfall von 100 Taler Interessen in seinen Einkünften. Er gab 200 Taler jährlich zur Unterstützung seiner Verwandten mehr aus und mit seiner zunehmenden Schwäche wurden seine Ausgaben vermehrt. Lampe erhielt noch 40 Taler jährlich nach seiner Entlassung und bei seinem Tode war dennoch sein bares Geld über 17 000 Taler. Abgezählte Summen und ein hineingelegter Zettel, auf dem ihr Bestand verzeichnet war, lagen in dem Bureau, in dem vorher alles bare Geld aufbewahrt wurde, zu seinen kurrenten Ausgaben bereit.

Ich überschoss sie wenigstens zweimal in der Woche und verglich den Bestand mit den etwaigen Ausgaben, die *Kant* selbst, jetzt nur notgedrungen, machte. Ich glaube nicht zu irren, dass durch diese Vorkehrungen etwas gewonnen wurde. Die Schlüssel von beiden Geldbehältnissen hatte *Kant* selbst. Ich nahm sie nur bei Auszahlungen an mich und sobald ich die ausgezahlte Summe abgeschrieben hatte, händigte ich sie ihm wieder ein. Als einst eine Summe in meiner Abwesenheit ausgezahlt werden sollte, deren Größe den abgezählten Geldvorrat in seinem Bureau überstieg, so war *Kant* durch alle dringende Vorstellungen seines Dieners nicht zu bewegen, das noch Fehlende aus seinem größern Gelddepot, zu dem er doch den Schlüssel hatte, zu nehmen, und verschob die ganze Zahlung, bis ich kam, um meine Vorkehrungen nicht zu stören. Dieser Umstand bezeichnet deutlich den Mann von festen Grundsätzen und feiner Denkungsart, eröffnete mir eine beruhigende Aussicht für die Zukunft und bestärkte mich in der sichern Vermutung, dass ich auch bei seiner zunehmenden Schwäche keine erniedrigende Zumutung oder Beleidigung von ihm zu fürchten hätte. Vielmehr zeigten andere Umstände, wie genau und scharfsichtig er jede mit kleinen Aufopferungen verbundene Gefälligkeit zu würdigen wusste.

Bei meinen täglichen Besuchen traf mich oft, wie natürlich, auch üble Witterung. Er verkannte es aber nicht, dass ich mich nie über dieselbe beklagte; bemerkte es vielmehr, dass, wenn ich vom Regen durchnässt oder von der Kälte erstarrt zu ihm kam, ich die Spuren der üblen Witterung vor dem Eintritte in sein Zimmer entweder zu vertilgen oder zu verhehlen suchte. Liberal bot er mir zu meinem jedesmaligen Besuch, ohne dass ich auf die Witterung Rücksicht zu nehmen hätte, einen Wagen auf seine Kosten an. Zwar machte ich von diesem Anerbieten nie Gebrauch, kann es aber zum Beweise seiner Feinheit und Erkenntlichkeit nicht füglich mit Stillschweigen übergehen.

Eben diese seine edle Dankbarkeit hält mich in der Erzählung seiner häuslichen Verfassung auf, den Faden derselben zu verfolgen; sie macht's, dass ich mir eine kleine Ausschweifung erlaube und einige Züge aus *Kants* früherem Leben hinzeichne. Bis zum höchsten Alter blieben seinem edlen Herzen die genossenen Wohltaten unvergesslich und das Andenken an seine Wohltäter ihm heilig. Er tat jederzeit, was er sollte, und daher war Reue über unterlassene Pflicht eine ihm fremde Empfindung. Aber eine, mehr ehrenvolle als tadelnswürdige, Ausnahme fand statt. Er bedauerte es sehr, dass er es bis zur Zeit seines Unvermögens verschoben hatte, dem verdienstvollen *Franz Albert Schulz,* Doktor der Theologie, Pfarrer in der Altstadt und zugleich Direktor des Kollegii Fridericiani, ein Ehrendenkmal, wie er es nannte, in seinen Schriften zu setzen. Dieser große Menschenkenner entdeckte zuerst *Kants* große und seltene Anlagen und zog das unbemerkte Genie, das ohne seinen Beitritt vielleicht verkümmert wäre, hervor. Ihm verdankt *Kant* das, was er wurde, und die gelehrte Welt das, was sie durch seine Ausbildung gewann. *Schulz* beredete *Kants* Eltern, dass sie ihren Sohn studieren lassen möchten, und unterstützte ihn auf eine Weise, die mit *Kants* und seiner Eltern Ehrgefühl bestehen konnte, da sie einer baren Unterstützung auswichen. Er versorgte *Kants* Eltern mit Holz, das er ihnen gewöhnlich unverhofft und unentgeltlich anfahren ließ. Die eigene Äußerung *Kants* gegen mich über den Vermögenszustand seiner Eltern, von denen man so verschieden spricht, verdienen hier eine Stelle. Seine Eltern waren nicht reich, aber auch durchaus nicht so arm, dass sie Mangel leiden durften; viel weniger, dass Not und Nahrungssorgen sie hätten drücken sollen. Sie verdienten so viel, als sie für ihr Hauswesen und die Erziehung ihrer Kinder nötig hatten. Dem ungeachtet erinnerte sich *Kant* jener, wenn gleich für die damalige Zeit nicht eben so bedeutenden Unterstützung, und der schonenden Delikatesse, mit welcher *Schulz* sie seinen Eltern und ihm, da er auf der Akademie war, zufließen ließ, lobte seinen edlen Charakter, den er schon im Hause seiner Eltern, die *Schulz* oft besuchte, kennen gelernt hatte und verdankte ihm die Empfehlung an seine Eltern: auf die Talente ihres Sohnes aufmerksam zu sein und ihre Ausbildung zu befördern, mit vieler Rührung.

Mit den regesten Gefühlen einer aufrichtigen Verehrung und kindlichen Zärtlichkeit dachte *Kant* an seine Mutter. Ich liefere die Geschichte so, wie ich sie aus einer doppelten Quelle geschöpft habe, teils wie sie mir *Kant* in den Stunden vertrauter Unterhaltung über Familienangelegenheiten, mit Weglassung der Umstände, deren Erwähnung seine Bescheidenheit verbot, erzählte, teils aus dem, was seine jetzt noch lebende Schwester hinzufügte, der die Erzählung der zum Lobe *Kants* gereichenden Umstände eher anstand als ihm. Nach *Kants* Urteil war seine Mutter eine Frau von großem natürlichen Verstande, den ihr Sohn als mütterliches Erbteil von ihr erhielt, einem edlen Herzen und einer echten, durchaus nicht schwärmerischen Religiosität. Mit der innigsten Erkenntlichkeit verdankte *Kant* ihr ganz die erste Bildung seines Charakters und zum Teil die ersten Grundlagen zu dem, was er später wurde. Sie hatte ihre Anlagen selbst nicht vernachlässiget und besaß eine Art von Bildung, die sie wahrscheinlich sich selbst gegeben hatte. Sie schrieb, nach dem wenigen zu urteilen, was ich als Familiennachricht von ihrer Hand aufgezeichnet sah, ziemlich orthographisch. Für ihren Stand und ihr Zeitalter war das viel und selten. Durch *Schulz* aufmerksam gemacht, entdeckte sie auch selbst bald die großen Fähigkeiten ihres Sohnes, die natürlich ihr mütterliches Herz an ihn fesselten und sie veranlassten, auf seine Erziehung alle nur mögliche Sorgfalt zu verwenden. Da sie eine durchaus rechtliche Frau, ihr Gatte ein redlicher Mann und beide Freunde der Wahrheit waren; da aus ihrem Munde keine einzige Lüge ging; kein Missverständnis die häusliche Eintracht störte; da endlich keine gegenseitigen Vorwürfe, in Gegenwart der Kinder, die Achtung derselben für ihre gutgesinnten Eltern schwächten: so wirkte dieses gute Beispiel sehr vorteilhaft auf *Kants* Charakter. Keine Fehler der Erziehung erschwerten ihm daher das Geschäft späterer Selbstbildung, die oft unvermögend ist, es gänzlich zu verhindern, dass jene nicht durchschimmern sollten. Seine Mutter nahm früh ihre Pflicht wahr: sie wusste bei ihrem Erziehungsgeschäfte Annehmlichkeit mit Nutzen zu verbinden, ging mit ihrem Manelchen (so verstümmelte mütterliche Zärtlichkeit den Namen Immanuel, mit dem sein Geburtstag, der 22. April, im Kalender bezeichnet ist) oft ins

Freie, sie machte ihn auf die Gegenstände in der Natur und manche Erscheinungen in derselben aufmerksam, lehrte ihn manche nützliche Kräuter kennen, sagte ihm sogar vom Bau des Himmels so viel, als sie selbst wusste, und bewunderte seinen Scharfsinn und seine Fassungskraft. Bei manchen Fragen ihres Sohnes geriet sie dann freilich oft etwas ins Gedränge. Wer aber sollte eine solche Verlegenheit sich nicht sehr gern gewünscht haben? Sobald *Kant* in die Schule ging, noch mehr aber, als er auf der Akademie war, erhielten diese fortgesetzten Spaziergänge eine veränderte Gestalt. Was ihr unerklärbar war, konnte ihr Sohn ihr begreiflich machen. Daher eröffnete sich für diese glückliche Mutter eine doppelte Quelle der Freude: Sie erhielt neue, ihr unbekannte Aufschlüsse, nach denen sie so begierig war; sie erhielt sie von ihrem Sohne und mit denselben zugleich die Beweise seiner schnell gemachten Fortschritte, die ihre Aussichten für die Zukunft ungemein erheiterten. Wahrscheinlich waren bei aller mütterlichen Vorliebe, die die Erwartungen von Kindern so leicht zu vergrößern pflegt, doch dieselben nicht so weit gegangen, als *Kant* sie hernach übertraf, von denen sie aber den Zeitpunkt ihrer Erfüllung nicht erlebte. *Kant* bedauerte ihren Tod mit der liebevollen, zärtlichen Wehmut eines gutartigen und dankbaren Sohnes, und war in seinem letzten Lebensjahre bei der Erzählung der ihn veranlassenden Umstände jedesmal noch innig über ihren, für ihn so frühen Verlust gerührt. Ein merkwürdiger Umstand hatte ihn beschleuniget. *Kants* Mutter hatte eine Freundin, die sie zärtlich liebte. Letztere war mit einem Manne verlobt, dem sie ihr ganzes Herz, doch ohne Verletzung ihrer Unschuld und Tugend, geschenkt hatte. Ungeachtet der gegebenen Versicherung, sie zu ehelichen, wurde er aber treulos und gab bald darauf einer andern die Hand. Die Folge davon, für die Getäuschte, war ein tödliches hitziges Fieber, in welches Gram und Schmerz sie stürzten. Sie weigerte sich in dieser Krankheit, die ihr verordneten Heilmittel zu nehmen. Ihre Freundin, die sie auf ihrem Sterbebette pflegte, reichte ihr den angefüllten Löffel hin. Die Kranke weigerte sich, die Arzenei zu nehmen und schützte vor, dass sie einen widerlichen Geschmack habe. *Kants* Mutter glaubte sie nicht besser vom Gegenteil überzeugen zu können, als wenn sie denselben Löffel mit Medizin, den die Kranke schon gekostet hatte, zu sich nehme. Ekel und kalter Schauder überfällt sie aber in dem Augenblick, als sie dieses getan hatte. Die Einbildungskraft vermehrt und erhöht beides, und da noch der Umstand hinzu kam, dass sie Flecken am Leibe ihrer Freundin entdeckte, die sie als Petechien erkennt, so erklärt sie sofort: diese Veranlassung sei ihr Tod, legt sich noch an demselben Tage und stirbt bald darauf als ein Opfer der Freundschaft.

So erkenntlich *Kant* gegen die Wohltaten seiner verstorbenen Freunde war, so billig war er auch in Beurteilung seiner übrigen Nebenmenschen. Er sprach von keinem schlecht. Den Gesprächen, die auf grobe Laster der Menschen Bezug hatten, wich er gerne aus, als wenn die Erwähnung ihrer schlechten Handlungen den Wohlstand in der Unterhaltung redlicher Leute beleidigte. Minder strafbare Vergehungen und Verletzung der Pflichten schienen ihm wenigstens ein unwürdiger Gegenstand des Gesprächs zu sein, den er bald gegen einen würdigen verwechselte. Jedem Verdienste ließ er Gerechtigkeit widerfahren und suchte Leuten von Verdienst, ohne dass sie es wussten, zur Anstellung zu verhelfen. Keine Spur von Rivalität, viel weniger von Brotneid fand bei ihm statt. Er bemühte sich, dem Anfänger zu helfen und sein Fortkommen zu befördern. Mit der größten Achtung sprach er von seinen Kollegen. Sehr angelegentlich erkundigte er sich nach dem Befinden des Hrn. H. P. S. bei dem Hausfreunde desselben, der wöchentlich an seinem Tische speiste. Von einem andern seiner Mitarbeiter und ehemaligen würdigen Zuhörer, der zwar nicht durch viele Schriften, desto mehr aber durch seine unermüdeten Vorlesungen und die darin bewiesene Gelehrsamkeit in so verschiedenen Fächern zur Verbreitung nützlicher Kenntnisse wirkte, legte *Kant* als großer Menschenkenner ein sehr ehrenvolles Zeugnis ab. Er versicherte nämlich, dass in seiner vieljährigen Menschenbeobachtung ihm kein scharfsinnigerer Kopf, kein größeres Genie vorgekommen sei. Er behauptete, dass er zu jeder und der tiefsten Wissenschaft aufgelegt, und dass er alles, was der menschliche Verstand zu fassen fähig wäre, sich zu eigen machen könnte, und dass mit einer solchen Schnelligkeit, mit welcher er es vermochte, nicht leicht jemand ins Innere der Wissenschaften eindringen würde. Er setzte ihn Kepplern zur Seite, von dem er behauptete, dass er, so viel er urteilen könnte, der scharfsinnigste Denker gewesen sei, der je geboren worden. Viele seiner Kollegen zog er an seinen Tisch und wusste eines jeden Vorzug gehörig zu würdigen. Dieses sein allgemeines Wohlwollen gegen Menschen machte es ihm daher unmöglich, von irgend einem Stande verächtlich zu denken oder zu sprechen, seine Verachtung traf unwürdige Mitglieder eines jeden Standes, die aber selten in laute Äußerungen überging.

Nach dieser Einschaltung knüpfe ich den abgerissenen Faden der Erzählung von *Kants* häuslichem Leben wieder an. *Kant* zeigte mir einige frühere Entwürfe seines Testaments, das er selbst deponiert hatte, in denen bald dieser, bald jener seiner Tischfreunde zu seinem Testamentsvollzieher ernannt, wieder ausgestrichen, und in denen zuletzt mein Name allein stehen geblieben war. Er erklärte dabei, dass er sich jetzt nicht mehr erinnere, ob er einen Testamentsvollzieher, viel weniger, wen er hierzu wirklich bestimmt habe, verlangte aber von mir, dass ich dieses Geschäft nach seinem Tode übernehmen sollte. Ich übernahm es mit der Bedingung, dass, wenn ein Testamentsvollzieher in seinem niedergelegten letzten Willen bestimmt wäre, dem er etwas für seine Bemühung zugesichert hätte, dieser auch das für ihn bestimmte nach seinem Tode nicht verlieren möchte. *Kant* fand diesen Vorschlag der Billigkeit gemäß und übergab im Jahre 1801 den Deputierten des akademischen Senats einen Nachtrag zu seinem Testamente, in dem er mich, mit aller nach den Landesgesetzen möglichen Ausdehnung nach vorhergegangener Ratserholung bei seinen juristischen Freunden, als Testamentsvollzieher bestätigte. Den Tag zuvor war er etwas ängstlich, ob er auch etwas zu meinem Nachteil bei der Übergabe versehen würde, verlangte bei diesem Akt meine Gegenwart, an welche er bei allen seinen Unternehmungen sich gewöhnt hatte; ließ sich aber bedeuten, als ich ihm die Sache als unzulässig vorstellte, und willigte ein, dass ein anderer seiner Tischfreunde der Übergabe beiwohnte. Als ich nach vollbrachtem Akt mittags bei ihm aß, so leerte er ein Glas Wein mit dem Trinkspruche aus: Weil heute alles so gut gegangen, und setzte scherzend und lächelnd hinzu, und ohne Spektakel abgelaufen ist. Er sprach viel und froh über die heute vollbrachte Sache; doch so verblümt, dass der zweite Tischgast nicht wusste, wovon die Rede sei. Diese tropische Art, sich in Gegenwart eines andern auszudrücken, war sonst *Kant* nicht eigen, nur heute erlaubte er sich eine Ausnahme. Durch kein förmliches Versprechen hatte ich mich irgend etwas für ihn zu tun verpflichtet. Dieses mir abzufordern, dazu war *Kant* zu diskret, und ich zu behutsam, ihm ein solches bestimmt zu geben, weil die Hindernisse, es zu halten, nicht vorauszusehen waren. Ohne vorhergegangene Erklärung waren wir beide fast miteinander einverstanden, und jeder Teil wusste, was er von dem andern zu erwarten hatte. Hätte *Kants* Schwäche eine solche Richtung genommen, dass ein freier Mann seine etwaige Behandlung und die Äußerungen seines Unwillens schlechterdings nicht hätte ertragen können, so war mir durch kein Versprechen der Rückzug zu einer verhältnismäßigen Entfernung benommen. Mit Offenherzigkeit gestehe ich meinen Zweifel, wie ich bei seiner damaligen Schwäche es nicht für ganz unmöglich hielt, dass er etwa durch einen Machtspruch meine guten Vorkehrungen, z.B. in Absicht seines Gesindes, durch seine Schwäche verleitet, hätte vernichten, durch Nachgiebigkeit, in ihren unerlaubten und ihm nachteiligen Zumutungen, die Partei desselben nehmen und mich dadurch kompromittieren können. Aber ich gestehe, dass ich ihm durch diese Vermutung Unrecht tat und ich zu schwach war, seine wahre Größe ganz zu fassen, denn, wenn er wegen Schwäche seines jetzt kürzern Gesichts mich bisweilen mit seinem Diener verwechselte und zu mir in einem Tone sprach, den er sonst gegen denselben anzunehmen gewohnt war; so war er jedesmal, sobald er seinen Irrtum erkannte, in einer peinlichen Verlegenheit, aus der deutlich zu ersehen war, dass er gerne die Meinung bei mir hervorbringen wollte, als hätte er sich im Gespräche nicht an mich gewandt, sondern wirklich zu seinem Diener gesprochen. Ich vermied daher, soviel als möglich, ihm diese Verwechselung bemerkbar zu machen. Gelang aber dieser Versuch nicht, so war sein Widerruf des Gesagten für mich beugend und peinigend.

In sein häusliches Verhältnis gehört auch sein erster Diener, *Martin Lampe*. Dieser war aus Würzburg gebürtig, Soldat in preußischen Diensten gewesen, und nach erhaltenem Abschiede vom Regiment in den Dienst bei *Kant* getreten, dem er gegen vierzig Jahre vorstand. Anfänglich, bei einer guten Führung, hielt *Kant* sehr viel auf ihn, und bezeigte sich gegen ihn sehr wohltätig. Aber gerade diese Liberalität *Kants* wurde auch die Ursache, warum *Lampe* sich einer üblen Gewohnheit, zu welcher sein reichliches Auskommen ihn mit verleitete, hingab. Er missbrauchte die Güte seines Herrn auf eine unedle Art, drang ihm Zulagen ab, kam zur unrechten Zeit nach Hause, zankte sich mit der Aufwärterin, und wurde überhaupt mit jedem Tage unbrauchbarer zur Bedienung seines Herrn. Dieses veränderte Betragen brachte eine veränderte Gesinnung *Kants* gegen ihn unvermeidlich zuwege. Er fasste den Entschluss, sich von ihm zu trennen, der mit einem jeden Tage immermehr seiner Ausführung entgegen reifte. Ich hatte Ursache, zu vermuten, dass die Äußerung desselben nicht eine bloße, leere Drohung oder ein Besserungsversuch für *Lampe,* sondern *Kants* wahrer Ernst sei, suchte letztern indessen mit Gründen wieder zu besänftigen und den Aufschub der Ausführung zu bewirken, besonders da ich voraus sah, dass die Trennung unvermeidlich, aber auch mit großen Schwierigkeiten für *Kant,* mich, *Lampe* und seinen neuen Diener verbunden sein würde. Es sollte ein mit *Kant* grau, aber anstößig gewordener Diener abgeschafft werden. Beide hatten sich einander gewöhnt: ich sollte die Mittelsperson zwischen beiden sein. *Kant* hätte der Schritt gereuen und er darauf bestehen können, ihn wieder in sein Haus zu nehmen.

Wie weit wäre dann *Lampes* Brutalität gegen *Kant* und mich gegangen, wenn er einen so deutlichen Beweis seiner Unentbehrlichkeit erhalten hätte? Und wo war so leicht außer der Zeit ein treuer, an Eingezogenheit gewohnter Diener herzunehmen, der in *Kants* lange Gewohnheiten sich zu schicken gewusst haben würde? Ich suchte also diesen drohenden Blitzschlag oft und noch immer unschädlich abzuleiten; obgleich die Bekanntschaft mit *Kants* Charakter mit Sicherheit vermuten ließ, dass, wenn es ihm einmal rechter Ernst würde, *Lampen* zu entlassen, ihn nichts von seinem Vorsatze so leicht abbringen würde, wie dieses auch der Erfolg zeigte.

Mit dem weichsten Herzen verband *Kant* den festesten Charakter aufs innigste. Gab er einmal sein Wort, so war dieses bei seiner unerschütterlichen Festigkeit mehr wert, als Eidschwüre anderer. Und diese Zuverlässigkeit hat es mir oft erleichtert, seinen Wünschen, deren Erfüllung Erkältung, Indigestion oder andere Nachteile für ihn zur Folge gehabt haben würde, eine andere Richtung zu seinem Vorteil zu geben. Ich durfte nach vorgehaltenen Gründen, besonders nach dem, dass sein Körper das, was demselben in frühern Jahren möglich gewesen wäre, in den spätern nicht ertragen könnte, nur sein Wort zur Annahme meines Vorschlages einmal erhalten; und der sehnlichste Wunsch war vernichtet. Er hatte mir sein Versprechen gegeben: mir in nützlichen Dingen zu folgen und — er hielt's.

Einige seiner Tischfreunde behaupteten, dass sie die Beschwerden, die ich mit *Kant* hatte, um alles in der Welt nicht übernehmen wollten, und bedauerten mich; ich aber bedauerte mich selbst nie, und versichere, dass ich den Beistand, den ich *Kant* geleistet habe, keine Beschwerde nennen kann. Bei seiner Schwäche und Hilfsbedürftigkeit war ich ihm freilich Bedürfnis geworden, aber er mir gewiss noch weit mehr. Er sah mich gern, ich ihn gewiss noch lieber, und ich konnte keinen Tag ruhig zubringen, ehe ich ihn gesehen und mich seiner erfreut hatte, besonders in den letzten Jahren seines Lebens. Ich nahm bei seinen Besuchen, auch wenn sein Zustand mir nahe ging, nie einen kleinmütigen Ton an, den der Mann, der standhaft den herannahenden Übeln des Alters die Spitze bot, nicht leiden konnte. Er war nicht so weichlich, dass er bedauert werden wollte. Lebhaft und vertrauungsvoll war meine Sprache, die ich gegen ihn führte. Und so bedurfte er keines leidigen Trostes. Mein Zuruf: Non, si male nunc, sic erit et olim, war ihm genug. Ein solcher unbefangener, freundschaftlicher Zuspruch erheiterte ihn bisweilen so, dass er mich oft seinen Trost nannte; eine Benennung, die seine Schwäche aus ihm sprach. Rührend war für mich der öftere Anblick in den letzten Zeiten, da er so hinfällig war, dass er nicht mehr lesen und schreiben konnte, ihn mit der Uhr in der Hand die Minute meiner Ankunft erwartend an der Türe sitzen zu finden. Er fühlte nach langer Einsamkeit das Bedürfnis der Unterhaltung sehr dringend. Konnte es da Beschwerde für mich sein, ihn täglich ohne Ausnahme zu besuchen?

Nach so vielen Jahren der Bekanntschaft, des Umgangs und (ich darf der Wahrheit gemäß den Ausdruck brauchen) der Vertraulichkeit, denn er hatte schon längst kein Geheimnis mehr für mich, konnte es nicht fehlen, dass wir uns einander so ziemlich kennen gelernt hatten. Wenn dann nun der Mann von einem auf geprüften Grundsätzen unerschütterlich festgebauten Charakter, mit vollem Bewusstsein dessen, was er sagte, gesetzt, ernst, entschlossen und vertrauungsvoll sich in der Art gegen mich ausdrückte: »Liebster Freund, wenn Sie eine Sache für mich vorteilhaft finden, und ich nicht; wenn ich sie für unnütz und nachteilig halte, Sie sie mir aber anraten, so will ich sie billigen und annehmen«, und wenn dieser Mann das auch wirklich tat, wenn überdem bei gewissen Geschäften, wo die Mitwirkung anderer erfordert wurde, ein jeder dazu Aufgeforderte sich freute und beeiferte, für *Kant* mitzuwirken, wenn seine Aufträge von der Art waren, dass kein redlicher Mann sie auszuführen, auch nur einen Augenblick anstehen und sein Gewissen erst um Rat fragen durfte, wenn kein Widerstand zu fürchten, überall Beistand und Zuvorkommen zu erwarten war; so lässt sich wohl begreifen, dass die Übernehmung der Geschäfte *Kants* nicht eine solche Beschwerde war, als sie es beim ersten Anblick zu sein schien. *Kant* war und blieb der determinierte Mann, dessen schwacher Fuß oft, dessen starke Seele nie wankte.

Daher konnte ein solches kühnes Wagstück, als die Trennung seines alten Dieners von ihm, auch nur bei ihm allein versucht und glücklich ausgeführet werden. Schon ehe diese wirkliche Trennung eintrat, sah ich die Unmöglichkeit ein, dass *Kant,* der bei der Schwäche seiner Füße oft fiel, der Wartung eines Dieners allein überlassen werden konnte, der sich selbst zu halten oft unvermögend war, und, aus sehr verschiedenen Ursachen, ein gleiches Schicksal mit seinem Herrn hatte. Überdem tat er durch Gelderpressungen, welche er aus Hoffnung, sich Frieden und Ruhe zu erkaufen, bewilligte, Lampens Neigung nur immer mehr Vorschub, und dieser sank tiefer. Hierzu kam noch, dass er durch das Verbot: von keinem andern, als von mir, Geld zu fordern, und durch den Ernst, mit dem ich ihm jeden Übertretungsfall verwies, in eine Art von Hoffnungslosigkeit wegen der Rückkehr des ihm so behaglichen Status quo versetzt wurde. Nachher sah er sich fast auf seinen Gehalt eingeschränkt, und er selbst fand nun den Dienst bei *Kant,* im Vergleich mit den vorigen bessern, goldenen Zeiten, nicht mehr so außerordentlich vorteilhaft. Eine andere Vorkehrung, an die ich oben dachte, mag vieles zur Verzweiflung an bessern Zeiten beigetragen haben. Gesetzt aber auch, alle diese Inkonvenienzen hätten nicht stattgehabt, so machte der Umstand, dass die Kräfte des Dieners *Kants* zusehends mehr abnahmen, es notwendig, auf die Besetzung seiner Stelle durch einen rüstigern und kraftvollern Mann bedacht zu werden. Ich hatte in Zeiten gehörige Vorkehrungen gemacht, und stand vor dem Bruche in voller Rüstung; suchte, fand und wählte einen Diener und erhielt ihn in einem Interimsdienst, von dem er sich an jedem Tag losmachen konnte. Oft sprach ich bald sanft, bald ernstlich mit *Lampe* über den immer mehr der Ausführung sich nahenden Entschluss seines Herrn, ihn abzuschaffen, machte ihn auf sein trauriges Los für die Zukunft aufmerksam, gab ihm ziemlich verständliche Winke darüber, dass im Falle seiner guten Aufführung nicht allein er, sondern auch seine Gattin und sein Kind glücklich werden sollten, vereinigte mich mit seiner Gattin, die ihn mit Tränen bat, sein eigenes Wohl zu bedenken. Er versprach, besser zu werden und wurde — schlechter. Endlich kam der Tag im Januar 1802, an dem *Kant* das ihn beugende Geständnis ablegte: *Lampe* hat sich so gegen mich vergangen, dass ich es zu sagen mich schäme. Ich drang nicht in ihn und kenne dieses gewiss grobe Vergehen nicht. *Kant* bestand auf seine Abschaffung, zwar nicht mit Groll, doch aber mit männlichem Ernst. Seine Bitten an mich waren so dringend, dass ich noch früher als der andere Tischgast vom Tische aufzustehen mich gedrungen sah, und den in Bereitschaft stehenden Diener *Johann Kaufmann* holte. *Lampe* weiß von nichts, was vorgeht. *Kaufmann* kommt, *Kant* fasst ihn ins Auge, trifft auf der Stelle seinen Charakter und sagt: Er scheint mir ein ruhiger, ehrlicher und vernünftiger Mensch zu sein. Wenn er sich ganz nach den Anweisungen dieses meines Freundes zu richten gesonnen ist, so habe ich nichts wider ihn; nur alles, was der ihm sagt, muss er pünktlich tun; was der mit ihm abmacht, das billige ich auch, und das soll er richtig erhalten. *Kant* sorgte also bei der ersten Unterredung mit seinem Diener dafür, mich bei ihm in Ansehen zu setzen. Am folgenden Tage wurde *Lampe* mit einer jährlichen Pension entlassen, mit der gerichtlich verschriebenen Bedingung: dass dieselbe von dem Augenblicke an aufhöre, wenn *Lampe* oder ein von demselben Abgesandter, *Kant* behelligen würde.

Der Diener *Johann Kaufmann* war wie für *Kant* geschaffen und hatte bald wahre persönliche Liebe und Anhänglichkeit für seinen Herrn. Bei seinem Eintritt ins *Kantsche* Haus bekam die bisherige Lage in demselben eine ganz andere Gestalt zu ihrem Vorteil. Eintracht mit der Aufwärterin *Kants,* mit der *Lampe* vorhin im ewigen Streite lag, und mit der *Kaufmann,* wie es sein muss, umzugehen verstand, war nun im Hause des Philosophen einheimisch, das vorher durch manche überlaute Auftritte, von denen *Kant* wusste und nicht wusste, entweiht war. Nun konnte er ohne Verdruss, dessen Erregung durch manche ärgerliche Vorfälle auch beim Philosophen unvermeidlich war, seine Tage ruhig verleben. So großmütig er *Lampen* verzieh, so nötig fand er es doch auch, seine bisherige, für *Lampe* fast übermäßig wohltätige Disposition zu ändern, und ihm nur die 40 Rtlr. Pension auf seine Lebenszeit zu sichern. In dem zweiten, deshalb deponierten Nachtrage zu seinem Testamente zeigte er seinen Edelsinn und seine Großmut auf eine auffallende Art. Er veränderte den ihm vorgeschlagenen Anfang desselben, der so lautete: Die schlechte Aufführung des L. machte es notwendig usw. in den Ausdruck: Gegründete Ursachen usw. indem er sagte: »man kann ja den Ausdruck so mildern«. Sechsundzwanzig Tage nach *Lampens* Abschaffung wurde dieser Nachtrag deponiert, und vom gerechten Unwillen war keine Spur in demselben anzutreffen. *Lampe* ließ einen Dienstschein fordern, ich legte ihn *Kanten* vor. Lange sann er nach, wie er die leergelassenen Stellen für sein Verhalten füllen sollte. Ich enthielt mich jedes Rats dabei, welches seinen Beifall zu haben schien. Endlich schrieb er: er hat sich treu, aber für mich *(Kanten)* nicht mehr passend verhalten.

Je länger man mit *Kant* umging, destomehr bisher ungekannte, vorteilhafte Seiten lernte man an ihm kennen, und desto verehrungswürdiger musste er erscheinen. Das zeigte sich auch bei seiner jetzigen Veränderung. Er war an den kleinsten Umstand durch seine ordentliche und gleichförmige Lebensart eine lange Reihe von Jahren hindurch so gewöhnt, dass eine Schere, ein Federmesser, die nicht bloß zwei Zoll von ihrer Stätte, sondern nur in ihrer gewöhnlichen Richtung verschoben waren, ihn schon beunruhigten, die Versetzung größerer Gegenstände in seinem Zimmer; als eines Stuhles, oder gar die Vermehrung oder die Verminderung der Anzahl derselben in seiner Wohnstube, ihn aber gänzlich störte, und sein Auge so lange an die Stelle hinzog, bis die alte Ordnung der Dinge wieder völlig hergestellt war.

Daher schien es unmöglich zu sein, dass er sich an einen neuen Diener gewöhnen könnte, dessen Stimme, Gang u. dgl. ihm ganz befremdend waren. Aber auch in seiner Schwäche behielt er Geistesstärke genug, sich endlich daran zu gewöhnen, was die einmalige Lage der Dinge, besonders, wenn sie durch sein Wort sanktioniert war, notwendig machte. Nur die laute Tenorstimme, das Schneidende und Trompetenähnliche derselben, wie er es nannte, war ihm an seinem neuen Diener empfindlich. »Er ist ein guter Mensch, aber er schreit mir zu sehr«, das war alles, was er mit einer Mischung von Sanftmut und klagender Ungeduld sagte. In einem Zeitraume von wenigen Tagen hatte dieser sich an einen leiseren Ton gewöhnt, und alles war gut.

Dieser neue Diener schrieb und rechnete gut und hatte in der Schule so viel gelernt, dass er jeden lateinischen Ausdruck, die Namen seiner Freunde und die Titel der Bücher richtig aussprach. Über diesen Punkt richtiger Benennung und Aussprache der Dinge und Wörter, waren *Kant* und *Lampe* stets uneins und lebten in einem ewigen Hader miteinander, der oft zu recht possierlichen Szenen Gelegenheit gab; besonders wenn *Kant* dem alten Würzburger die Namen seiner Freunde und die Titel der Bücher vorsagte.

In den mehr als dreißig Jahren, in denen *Lampe* wöchentlich zweimal die Hartungschen Zeitungen geholt und wieder fortgetragen hatte, und wobei er jedesmal, damit sie nicht mit den Hamburger Zeitungen verwechselt würden, von *Kant* sie nennen hörte, hatte er ihren Namen nicht behalten können; er nannte sie die Hartmannsche Zeitung. »I was Hartmannsche Zeitung!« brummte *Kant* mit finsterer Stirn. Darauf sprach er sehr laut, affektvoll und deutlich: »Sag Er Hartungsche Zeitung.« Nun stand der ehemalige Soldat geschultert und verdrießlich darüber, dass er von *Kant* etwas lernen sollte, und sagte im rauen Ton, in dem er einst: Wer da? gerufen, *Hartungsche Zeitung*, nannte sie aber das nächste Mal wieder falsch.

Mit seinem neuen Bedienten kamen nun solche gelehrte Artikel ganz anders zu stehen. Fiel *Kant* ein Vers aus den lateinischen Dichtern ein, so konnte dieser ihn nicht allein ziemlich richtig aufschreiben, sondern lernte ihn auch bisweilen auswendig, und konnte ihn sogar rezitieren, wenn er *Kant* nicht gleich einfiel, welches der Fall mit dem Verse, Utere praesenti; coelo committe futura, war, den ich *Kant* in Augenblicken des Missmuts, was am Ende bei seiner Schwäche mit ihm werden würde, vorsagte und den *Kant*, weil er ihn vorher nie gewusst hatte, oft wieder vergaß. Diesen sagte ihm sein Diener richtig vor. Ich war ihm bisweilen durch Übersetzung und Erklärung behilflich. Durch diesen Kontrast und auffallenden Abstich von *Lampe* wurde *Kant* zu dem öftern Zeugnis gegen seinen Diener vermocht: »Er ist ein vernünftiger und kluger Mensch.«

Ich hatte diesem neuen Diener den Tag vor dem Antritte seines Dienstes auf einem ganzen Bogen die kleinsten und unbedeutendsten Gewohnheiten und Gebräuche *Kants* nach der Tagesordnung aufgeschrieben, und er fasste sie mit Schnelligkeit. Er musste mir vorher seine Manövres vormachen und so aufs Tempo geübt, trat er seinen Dienst an. Seine ersten Dienstleistungen gingen daher auch schon so geübt vonstatten, als wenn er jahrelang bei *Kant* serviert hätte. Ich war den größten Teil des ersten Diensttages zugegen, um durch Winke, die er trefflich verstand, alles zu leiten und den kleinsten Verstoß gegen *Kants* Gewohnheiten und Gebräuche zu hindern. Von diesen war ich durch langen Umgang mit ihm sehr genau unterrichtet, nur bei seinem Teetrinken war kein Sterblicher je, außer *Lampe*, gewesen. Um das Nötige anzuordnen, war ich um 4 Uhr morgens schon da. Es war der 1. Februar 1802. *Kant* stand wie sonst vor 5 Uhr auf, fand mich, es befremdete ihn mein Besuch sehr. Vom Schlafe nur erwacht, konnte ich ihm den Zweck meiner Gegenwart anfänglich nicht begreiflich machen. Nun war guter Rat teuer. Keiner wusste, wo und wie der Teetisch gesetzt werden sollte. *Kant* war durch meine Gegenwart, durch die Abwesenheit des *Lampe* und durch den neuen Diener verwirrt gemacht, konnte sich in nichts finden, bis er endlich so recht aus dem Schlafe zu sich selbst kam. Nun setzte er sich den Teetisch selbst hin; aber es fehlte noch immer etwas, was *Kant* nicht angeben konnte. Ich sagte, ich wollte mit ihm eine Tasse Tee trinken und eine Pfeife mit ihm rauchen. Er nahm dieses nach seiner Humanität hoch auf, ich sah ihm aber den Zwang an, den er sich dabei antat. Er konnte sich immer nicht finden. Ich saß gerade über ihm. Endlich kam er darauf und bat mich sehr höflich, ich möchte mich so setzen, dass er mich nicht sehen könne; denn seit mehr als einem halben Jahrhundert habe er keine lebendige Seele beim Tee um sich gehabt. Ich tat, was er verlangte, *Johann* ging in die Nebenstube, und kam nur dann, wenn *Kant* ihn rief. Nun war alles recht, *Kant* war gewohnt, wie ich schon oben erinnerte, seinen Tee allein zu trinken und bei demselben ganz ungestört seinen Ideen nachzuhängen. Ob er gleich jetzt nicht mehr las oder schrieb, so war die Schwungkraft vieljähriger Gewohnheit auch noch jetzt sehr stark bei ihm, und er konnte keinen um sich dulden, ohne in die größte Unruhe versetzt zu werden. Ebenso lief es ab, als ich an einem schönen Sommermorgen einen ähnlichen Versuch machte.

Nun waren wir in alle Geheimnisse der Gewohnheiten *Kants* eingeweiht, und am folgenden Tage ging's mit dem Teetrinken besser. Noch lange sah *Kant* meinen ersten Morgenbesuch als Traum oder Zauber an.

Nun ging alles mit dem neuen Diener nach Wunsch. *Kant* holte nun freier Luft, lebte ruhig und zufrieden. Schlich sich ein kleiner Fehler in seiner Bedienung ein, so beschied er sich selbst, dass ein neuer Diener noch nicht ganz vertraut mit seinen kleinsten Gewohnheiten sein könne.

Ein sonderbares Phänomen von *Kants* Schwäche war folgendes. Gewöhnlich schreibt man sich auf, was man nicht vergessen will; aber *Kant* schrieb in sein Büchelchen: der Name *Lampe* muss nun völlig *vergessen* werden.

*Kant* fand es anstößig, wie auch schon im Freimütigen bemerkt worden, seinen Diener *Kaufmann* zu nennen, weil er zwei gebildete Kaufleute wöchentlich an seinen Tisch zog.

Bei einem frohen Mittagsmahl wurde daher nach Hersagung eines sehr possierlichen Verses, den ich hier nicht anführen mag und dessen Schluss heißt: »Er soll *Johannes* heißen«, beschlossen, den Diener nicht Kaufmann, sondern *Johannes* für die Zukunft zu nennen.

Um diese Zeit, nämlich im Winter 1802, zeigte sich jedesmal nach dem Essen, auf der rechten Seite seines Unterleibes, eine Erhöhung von einigen Zollen im Durchmesser der Fläche, die sich sehr verhärtet anfühlen ließ und ihn nötigte, jedesmal nach der Mahlzeit seine Kleider zu öffnen, weil sonst der Unterleib zu gepresst war. Obgleich dieser Zufall keine besondere Beschwerde und Folgen für ihn hatte, so währte er doch ein halbes Jahr; wurde aber ohne alle Heilmittel besser, dergestalt, dass er nach einer mit vielem Appetit geendigten Mahlzeit seine Kleidungsstücke nicht mehr lüften durfte. So schwach auch sein Körper war, so hatte er doch noch Ressourcen in sich selbst, um Übeln vorzubeugen und selbst die, die schon Wurzel geschlagen hatten, auszurotten.

Im Frühlinge riet ich ihm an, sich Bewegungen zu machen. Schon seit vielen Jahren war er nicht ausgegangen, weil er auf seinen letzten Spaziergängen sehr abgemattet wurde. Öffentlicher, herzlicher Dank sei dem unbekannten Manne von mir gebracht, der so viel Aufmerksamkeit für den schwachen, ermüdeten Greis hatte, dass er gleich nach der gemachten Bemerkung, dass *Kant* sich bei seinen Spaziergängen am Lizent teils vor Ermüdung, teils der Aussicht wegen an eine Mauer lehne, eine Bank für ihn aufschlagen ließ, die *Kant* mit Dank benutzte, ohne zu wissen, von wem sie herrühre. Es war nicht ratsam, ihm wegen der Schwächlichkeit in seinen Füßen eine Bewegung zu Fuß zu empfehlen. Da einige angestellte Versuche nicht den erwarteten Erfolg für ihn hatten, so waren die Bewegungen im Wagen vorzuziehen. *Kant* besuchte seinen Garten, der Regel nach, nie. Als er aber nach vielen Jahren, in denen er ihn nicht gesehen hatte, im Frühlinge 1802 hineingeführet wurde, so war die Erscheinung ihm so neu, dass er sich in demselben gar nicht orientieren konnte. Meine Auskunft, die ich ihm über die Lage desselben und den Zusammenhang mit seinem Hause geben wollte, schien ihm lästig zu werden. Er sagte: Er wisse gar nicht, wo er sei, fühlte sich beklommen, wie auf einer wüsten Insel, und sehnte sich dahin, wo er gewesen war. Alle diese Erscheinungen waren Folgen von der Gewohnheit, sich stets unter den Gegenständen seiner Studierstube aufzuhalten, die ihn jetzt nicht umgaben, deren Abwesenheit ihm Sehnsucht nach ihnen erregte und ihn beklommen machte. Zur Erklärung der sonderbarsten Erscheinungen, die von *Kants* Schwäche entstanden, durfte man oft nur einen unbedeutenden Umstand wissen, und alles Rätselhafte dabei löste sich schnell auf. Durch steten Umgang mit ihm, konnte ich mich ihm sehr leicht verständlich machen. Mir waren daher auch diese seine sonderbaren und jeden andern befremdenden Äußerungen in seinem Garten und auch ähnliche nicht auffallend. Obgleich der Aufenthalt in freier Luft nur wenige Augenblicke dauerte, so war er doch von ihr etwas benommen. Indessen war doch schon ein Schritt zur Wiederangewöhnung der Luft getan, die *Kant* so lange nicht eingeatmet hatte. Die wiederholten Versuche waren von besserm Erfolg begleitet. Er trank bisweilen eine Tasse Kaffee, welches er vorher nie getan hatte, in seinem Garten, und fand überhaupt eine Veränderung seiner bisherigen Lage behaglich. Es kam bei ihm nur auf Vorschläge an, die ein anderer ihm machte. Er selbst wäre schwerlich auf den Einfall gekommen, eine Abwechselung zu wagen.

Schon früher machte der Frühling auf ihn keinen sonderlichen Eindruck, er sehnte sich nicht wie ein anderer am Ende des Winters nach dem baldigen Eintritt dieser erheiternden Jahreszeit. Wenn die Sonne höher stieg und wärmer schien, wenn die Bäume ausschlugen und blühten und ich ihn dann darauf aufmerksam machte; so sagte er kalt und gleichgültig: »Das ist ja alle Jahre so, und gerade ebenso.« Nur ein Ereignis machte ihm aber auch dafür destomehr Freude, so, dass er die Rückkehr desselben nicht sehnlich genug erwarten konnte. Schon die Erinnerung im angehenden Frühlinge, dass er bald eintreten würde, erheiterte ihn lange voraus; der nähere Eintritt machte ihn täglich aufmerksamer und spannte seine Erwartung aufs höchste; der wirkliche aber machte ihm große Freude. Und diese einzige Freude, die ihm noch die Natur bei dem sonst so großen Reichtum ihrer Reize gewährte, war — die Wiederkunft einer Grasmücke, die vor seinem Fenster und in seinem Garten sang. Auch im freudenleeren Alter blieb ihm diese einzige Freude noch übrig. Blieb seine Freundin zu lange aus, so sagte er: »Auf den Appeninen muß noch eine große Kälte sein«; und er wünschte dieser seiner Freundin, die entweder in eigener Person oder in ihren Abkömmlingen ihn wieder besuchen sollte, mit vieler Zärtlichkeit eine gute Witterung zu ihrer weiten Reise. Er war überhaupt ein Freund seiner Nachbarn aus dem Reiche der Vögel. Den unter seinem Dache nistenden Sperlingen hätte er gerne etwas zugewandt, besonders wenn sie sich an die Fenster seiner ruhigen Studierstube anklammerten, welches sehr oft, wegen der darin herrschenden Stille, geschah. Er wollte aus dem melancholischen, eintönigen und oft wiederholten Gezwitscher derselben auf die beharrliche Sprödigkeit der weiblichen Sperlinge schließen, nannte diese melancholischen Stümper von Sänger: Abgeschlagene und

Kümmerer, wie bei den Hirschen, und bedauerte diese einsamen Geschöpfe. Als Züge seiner Gutmütigkeit auch selbst gegen Tiere, die man zu vertilgen sucht, glaubte ich diesen Umstand nicht übergehen zu müssen, weil auch kleine lichte Striche zum lebhaften Kolorit des Gemäldes das ihrige beitragen, und wie viele solcher kleiner Striche und Punkte sind nicht im Charaktergemälde *Kants* anzutreffen, die das Ganze erheben!

Er wurde immer vertrauter mit der ihm ganz fremd gewordenen freien Luft, und es ward nun ein heroischer Versuch zu einer Ausfahrt gemacht. *Kant* weigerte sich, ihn zu wagen. Ich werde wie ein Waschlappen im Wagen zusammenfallen, sagte er. Ich bestand mit sanfter Beharrlichkeit auf den Versuch, nur durch die Straße, in der er wohnte, mit ihm zu fahren, mit der Zusicherung, sogleich umzukehren, wenn er das Fahren nicht ertragen könne. Nur spät im Sommer bei einer Wärme von 18 Grad nach Reaumur wurde dieser Versuch gemacht. Hr. C. R. H., ein würdiger, treuer, unverdrossener und bis ans Ende ausdauernder Freund *Kants,* war unser Begleiter auf dieser Spazierfahrt nach einem kleinen Luftort vor dem Steindamschen Tore, den ich mit einem andern meiner Freunde auf einige Jahre gemietet habe. *Kant* verjüngte sich gleichsam, als er die ihm bekannten Gegenstände nach einigen Jahren wieder sah, wieder kannte und die Türme und öffentlichen Gebäude zu nennen wußte. Wie freute er sich nun aber, dass er so viel Kräfte hätte, aufrecht zu sitzen und sich, ohne besondere Beschwerde zu fühlen, im Wagen wacker rütteln lassen konnte. Wir kamen froh an den Ort unserer Bestimmung. Er trank eine Tasse Kaffee, die schon bereitet stand, versuchte eine halbe Pfeife zu rauchen, welches nie vorher außer der Zeit der Fall gewesen war, hörte die Menge Vögel, die sich an diesem Orte häufig aufhalten, mit Wohlgefallen singen, unterschied jeden Gesang und nannte jeden Vogel; hielt sich etwa eine halbe Stunde auf und fuhr ziemlich heiter, doch des Vergnügens satt, nach Hause.

Ich wagte es nicht, ihn an einen öffentlichen, häufig besuchten Ort hinzuführen, um ihn nicht den ihm vielleicht lästigen Blicken der Neugierigen zu sehr auszusetzen, und durch die peinliche Lage eines genau Beobachteten sein Vergnügen zu stören. Das Publikum hatte ihn lange nicht gesehen; sobald daher der Wagen nur vor seiner Türe stand, so hatten auch selbst Leute von Stande sich um denselben schon versammelt, um *Kant* noch vielleicht zum ersten und letzten Male zu sehen. Nach einigen Besuchen in meinem, an meiner Wohnung gelegenen Garten endeten sich mit dem eintretenden Herbste unsere Ausfahrten für dieses Jahr. Die Bewegungen ermüdeten zwar *Kant;* aber er schlief ruhiger in der folgenden Nacht und war den Tag darauf heiterer und gestärkter, auch schmeckten und bekamen die Speisen ihm besser.

Bei herannahendem Winter klagte er mehr als sonst über einen Zufall, den er die Blähung auf dem Magenmunde nannte, und den kein Arzt erklären, viel weniger heilen konnte. Ein Aufstoßen war ihm wohltätig, der Genuß der Speisen schaffte ihm kurze Erleichterung, machte ihn sein Übel vergessen und stimmte seinen Missmut etwas um. Der Winter ging unter öftern Klagen dahin: er wünschte, des Lebens müde, am Ziele zu sein und sagte:

»Er könne nicht mehr der Welt nützen und wisse nicht, was er mit sich anfangen solle.« Sein Zustand war rätselhaft, da er keine Schmerzen fühlte, und sein ganzes Benehmen und seine Äußerungen doch auf die unangenehmsten körperlichen Empfindungen schließen ließen. Ich erheiterte ihn mit dem Gedanken künftiger Ausfahrten im Sommer: diese nannte er in zunehmender Gradation zuerst Fahrten, sodann Reisen ins Land und endlich weite Reisen. Er dachte mit einer an Ungeduld grenzenden Sehnsucht an den Frühling und Sommer, nicht ihrer Reize wegen, sondern nur als der zu Reisen geschickten Jahreszeiten; schrieb sich frühe in sein Büchelchen: »Junius, Julius und August sind die drei Sommermonate« (nämlich in denen man am besten reisen kann). Das Andenken an diese Reisen tat Wunder zur Erheiterung *Kants*. Seine Art, etwas zu wünschen, war so sympathetisch, dass man es bedauerte, durch keine Zauberkraft seine Sehnsucht stillen zu können.

Jetzt ließ er bei abnehmender Lebenswärme oft sein Schlafzimmer heizen. Er vergönnte aber nicht leicht jemandem den Zutritt in dasselbe. In dieser Stube standen auch seine Bücher, etwa 450 an der Zahl, die zum Teil Geschenke von ihren Verfassern waren. Da er in frühern Jahren Bibliothekar der hiesigen königl. Schlossbibliothek gewesen war, in der sich so manche vortreffliche Werke und besonders Reisebeschreibungen, die eigentliche Goldgrube für seine physische Geographie, befanden; da er ferner von seinem Verleger die neuesten Sachen zur Ansicht erhielt, so konnte er leichter als ein anderer akademischer Lehrer einer zahlreichen Büchersammlung entbehren.

Gegen das Ende des Winters fing er an, über unangenehme, ihn aufschreckende Träume zu klagen. Oft tönten Melodien der Volkslieder, die er in der frühsten Jugend von Knaben auf der Straße singen gehört hatte, ihm lästig in den Ohren und er konnte sich bei aller angestrengten Abstraktionskraft nicht davon losmachen. Läppische Schulschnurren aus den Kinderjahren fielen ihm oft ein. Darf ich eine anführen? Vacca, eine Zange, forceps, eine Kuh, rusticus, ein Knebelbart; ein nebulo bist du. Man will behaupten, dass im höchsten Alter dergleichen Läppereien den Greisen lästig werden und sie durch unwillkürliche Rückkehr martern. Bei *Kant* war dieses der Fall. Sowohl diese als auch ähnliche sinnlose Verse, sowie seine Träume störten ihn des Nachts, jene verzögerten sein Einschlafen, diese scheuchten ihn fürchterlich auf, wenn er noch so fest schlief, und raubten ihm die nächtliche Ruhe, dieses stärkende Erholungsmittel für schwache Greise. Fast in jeder Nacht zog er nun die durch die Decke seines Schlafzimmers geleitete Klingelschnur, die die Glocke in der über seinem Bette befindlichen Bedientenstube in Bewegung setzte. So schnell auch der Bediente aufstehen und herabeilen mochte, so kam er doch stets zu spät. Er fand seinen Herrn, der schon aus dem Bette gesprungen war, und der, wie schon erwähnt ist, das Zeitmaß gänzlich verloren hatte, oft schon im Vorhause. Seine Schwäche in den Füßen, die, sogleich nach dem Aufstehen vornehmlich, durch die horizontale Richtung des Körpers, in der *Kant* stundenlang sich fast steif gelegen hatte, vermehrt war, verursachte manche Fälle, die, die blauen Stellen abgerechnet, für ihn nicht schädlich waren, deren Folgen aber, wenn ihnen nicht in

Zeiten Einhalt getan worden wäre, hätten tödlich werden können.

Ich entschloss mich daher, *Kant* einen Vorschlag zu machen, von dem ich freilich mit ziemlicher Sicherheit vermuten konnte, dass er die Annahme desselben so lange als möglich verweigern würde, nämlich den: seinen Bedienten mit ihm in einem Zimmer schlafen zu lassen. Ich kannte die Macht langer Gewohnheit auf *Kant*. Er sträubte sich, doch stets mit sanfter Heiterkeit, dagegen. Ich hielt ihm seine willkürlich gegebene Versicherung vor, dass er, wenn er den Nutzen eines Vorschlages auch nicht einsähe oder ihn unnötig fände, ihn doch annehmen wollte, und die Sache war nach meinen Wünschen abgemacht. Es ertönten anfänglich noch manche Klagen, dass die Gegenwart eines andern ihn im Schlafe störe; ich berief mich aber auf die Notwendigkeit der Sache, und auf sein mir gegebenes Versprechen, meinen Vorschlägen zu folgen, und bald verhallten auch die letzten Klagen. Nach kurzer Zeit dankte *Kant* mir herzlich für diese Maßregel: sie vermehrte nicht nur sein Zutrauen zu mir, sondern beschleunigte auch die Annahme und Befolgung der übrigen, die ich seinetwegen traf.

Seine Beängstigungen oder Blähungen auf dem Magenmunde wurden nun immer heftiger. Er versuchte sogar den Gebrauch einiger Arzeneimittel, wogegen er sonst geeifert hatte: einige Tropfen Rum auf Zucker, Naphtha, Bittererde, Blähzucker; doch das alles waren nur Palliative und eine Radikalkur verhinderte sein hohes Alter. Seine furchtbaren Träume wurden immer schrecklicher und seine Phantasie setzte aus einzelnen Szenen der Träume ganze furchtbare Trauerspiele zusammen, deren Eindruck so mächtig war, dass ihr Schwung noch lange im Wachen bei ihm fortwirkte. Er dünkte sich fast nächtlich mit Räubern und Mördern umgeben. In furchtbarer Progression ging diese nächtliche Beunruhigung durch Träume dergestalt fort, dass er in den ersten Augenblicken nach dem Erwachen seinen, ihm zur Beruhigung und Hilfe eilenden Diener für einen Mörder ansah. Wir sprachen am Tage über die Nichtigkeit seiner Furcht; *Kant* belachte sie selbst und schrieb sich in sein Büchelchen: Es muss keine *Nachtschwärmerei* stattfinden.

Dass *Kants* Schlafzimmer absichtlich verfinstert war, ist schon gesagt. Sah er nun draußen Dämmerung oder noch Tageslicht, so hielt er dieses für künstliche Betrügerei, die ihn furchtsam machte. Es wurde also auf meinen Vorschlag des Nachts Licht gebrannt. Anfangs konnte er dieses nicht leiden; allein es wurde zuerst vor die Stubentür und späterhin ins Zimmer selbst in einen Nachtleuchter, welcher zur Vermeidung alles Schadens in einer Schale mit Wasser stand, gesetzt, doch so, dass der Schein davon ihn nicht traf. Auch an diese Veränderung gewöhnte er sich bald.

Er fing nun an, sich immer uneigentlicher auszudrükken. Er wünschte bei seiner jetzt oft eintretenden Schlaflosigkeit eine Schlaguhr; ich lieh ihm eine. Ob sie gleich nur eine simple Schlaguhr war, so nannte er, der keine Töne in der Nacht zu hören gewohnt war, die Töne derselben eine Flötenmusik und bat mich täglich, sie ihm doch zu lassen. Er wiederholte seine Bitte und ich meine feierliche Versicherung, sie nicht eher zurückzunehmen, bis er sie nicht länger haben wollte. Bald aber klagte er über Störung, die die helle Glocke ihm machte. Ich überzog den Hammer mit Tuch und die Störung war gehoben.

Sein Appetit war jetzt nicht mehr so gut als gewöhnlich. Diese verminderte Esslust schien mir keine gute Vorbedeutung zu sein. Man will behaupten: *Kant* habe der Regel nach eine stärkere Mahlzeit zu sich genommen, als gewöhnlich ein Mann von fester Gesundheit zu sich zu nehmen pflegt. Ich kann mich aus folgendem Grunde nicht davon überzeugen. *Kant* aß nur einmal des Tages. Rechnet man das alles zusammen, was der genießet, der des Morgens Kaffee trinkt, Brot dazu isst, wohl noch ein zweites Frühstück zu sich nimmt, dann eine gute Mittagsmahlzeit, und endlich ein Vesper- und Abendbrot hält, so war die Masse der von *Kant* genossenen Speisen nicht eben so groß, besonders da er nie Bier trank. Von diesem Getränke war er der abgesagteste Feind. Wenn jemand in den besten Jahren seines Lebens gestorben war, so sagte *Kant:* »Er hat vermutlich Bier getrunken.« Wurde von der Unpässlichkeit eines andern gesprochen, so war die Frage nicht fern: »Trinkt er abends Bier?« Aus der Antwort auf diese Frage stellte dann *Kant* dem Patienten die Nativität. Er erklärte das Bier für ein langsam tötendes Gift, wie der junge Arzt den Kaffee, bei dem er Voltairen eben antraf; allein die Antwort, die jener Arzt von Voltaire erhielt: »Langsam tötend muss dieses Gift wohl sein, weil ich es schon gegen 70 Jahre genieße«, würde *Kant* von echten Biertrinkern nicht leicht erhalten haben. Zu leugnen ist nicht, dass das viel für sich habe, was *Kant* behauptete, dass Wegschwemmung der Verdauungssäfte,

Verschleimung des Blutes und Erschlaffung der Wassergefäße, Folgen des häufigen Genusses dieses Getränkes wären, deren Wirkungen durch eine bequeme Lebensart noch mehr beschleunigt werden. *Kant* wenigstens nahm das Bier als die Hauptursache aller Arten von Hämorrhoiden an, die er nur dem Namen nach kannte. Es gab freilich eine Zeit, in der er etwas davon bemerkt haben wollte; aber sein Körper bedurfte keines beneficii naturae und *Kant* gestand, dass er sich geirrt habe. Unausstehlich waren ihm alle Menschen, die immer genießen: es war amüsant zu hören, wie *Kant* alle Arten von Genüssen solcher Schlemmer herzuzählen wusste und ihren ganzen Lebenstag schilderte. Bei dieser Schilderung war es aber auch bemerkbar, dass sein Gemälde nur ein Ideal war.

Im Frühling seines letzten Lebensjahres, am 22. April, wurde sein Geburtstag im Kreise seiner gesamten Tischfreunde recht anständig und fröhlich gefeiert. Lange vorher war dieses Fest ein ihn erheiternder Gegenstand unserer Gespräche und es wurde lange vorher nachgerechnet, wie weit es noch entfernt sei. Er freute sich lange voraus auf diesen Tag. Aber auch hier bestätigte es die Erfahrung, dass seine jetzigen Freuden mehr in der Erwartung und angenehmen Phantasie bestanden als im Genusse selbst. Die Hoffnung, seinen alten Freund, den Kriegsrat S., in dessen Gesellschaft er im Hause des verstorbenen G. R. von Hippel so viele frohe Stunden seines Lebens zugebracht hatte, wieder um sich zu sehen, erheiterte ihn ungemein. Schon die Nachricht, wie weit man in Besorgung des zu diesem Feste Erforderlichen gekommen sei, entlockte ihm den frohen Ausruf: O das ist ja herrlich! Als der Tag kam und die Gesellschaft versammelt war, wollte er zwar froh sein; hatte aber dennoch keinen wahren Genuss von derselben. Das Geräusch bei der Unterhaltung einer zahlreichen Gesellschaft, der er entwöhnt war, schien ihn zu betäuben, und man merkte wohl, dass es die letzte Versammlung in der Art und zu diesem Zwecke sein würde. Er kam nur erst recht zu sich selbst, als er ausgekleidet in seiner Studierstube mit mir allein war und mit mir über die seinen Domestiquen zu gebenden Geschenke gesprochen hatte. Denn nie konnte *Kant* froh sein, wenn er nicht andere um sich her zufrieden sah. Daher bestand er bei jeder Spazierfahrt auf ein Geschenk für seinen Diener. Ich wollte ihn nun seine Ruhe genießen lassen und empfahl mich ihm auf die sonst gewöhnliche Art. Er war stets wider alles Feierliche und Ungewöhnliche, wider alle Glückwünsche bei solchen Gelegenheiten, besonders aber wider ein gewisses Pathos bei denselben, in dem er immer etwas Fades und Lächerliches fand. Für meine geringe Bemühungen bei Anordnung dieses Festes dankte er mir dieses Mal auf eine ganz unproportionierte Art und durch Äußerungen, die nur sichere Beweise einer ihn übermannenden Schwachheit waren. Vielleicht trug der Gedanke, nun ein so hohes Alter erreicht zu haben, zu seiner Rührung bei und erhöhte seinen Dank zu exaltierten Ausdrücken. Unter dem 24. April 1803 schrieb er in sein Büchelchen: »Nach der Bibel: unser Leben währet 70 Jahr und, wenn's hoch kommt, 80 Jahr und wenn's köstlich war, ist es Mühe und Arbeit gewesen.«

Der Sommer näherte sich und nun sollten jene pro jektierten weiten Reisen ins Land und Ausland anfangen. Eines Tages, als ich ihn früh besuchte, wurde ich ganz betroffen, als er mir mit gesetztem Ernste und anscheinend bestimmter Entschlossenheit auftrug, einen Teil seines Vermögens zu einer bevorstehenden Reise ins Ausland zur Bestreitung der damit verbundenen Kosten einzuziehen. Ich widersprach nicht, forschte aber genauer nach der Ursache seines so schnellen Entschlusses, die sich endlich daher ergab, dass er die ihm lästige Blähung auf dem Magenmunde nicht mehr ertragen könnte. Ich antwortete ihm: post equitem sedet atra cura; dies dürfte also auch wohl der Fall mit seiner Blähung auf dem Magenmunde sein, der er nicht so leicht entrinnen würde. Eine Stelle aus den alten Dichtern vermochte viel auf *Kant*, und so veränderte auch diese angeführte sehr schnell seinen Entschluss, den er auch nur, weil er, um seinen Blähungen auf dem Magenmunde zu entgehen, keinen Rat und Ausweg kannte, in seiner Schwäche gefasst hatte. Das Gespräch über wochenlangen Aufenthalt auf dem Lande in kleinen Bauernhütten; über Teilnahme an ihren gröbern ländlichen Speisen; über Hinwegsetzung der Gesellschaft mit Ratten, Mäusen und Insekten mancher Art in den schmutzigen Wohnungen der Landleute: war nun an der Tagesordnung. Der feste Ernst und die rührende Sehnsucht, mit welcher er mit zusammengeschlagenen Händen und zum Himmel gerichteten Augen sich mehr Wärme zur Begünstigung unserer Reisen erflehte, machten mich ziemlich ungewiss, ob sein Wunsch zu reisen, wenngleich nicht in seinem ganzen Umfange, so doch zum Teil befriediget werden müsste. Ich schlug das im vorigen Jahre besuchte Landhäuschen vor. »Gut«, war *Kants* Antwort, »wenn es nur weit ist.« Ich erwiderte:

Weit kann jeder Weg durch Umwege werden und unser Aufenthalt bis zum Herbste währen.

Nur erst spät im Jahre, gegen den längsten Tag, fuhren wir in jenes Häuschen auf dem Lande. Beim Einsteigen in den Wagen war die Losung: Nur recht weit! aber wir waren noch nicht am Tore, so dünkte ihm der Weg schon zu lang zu sein. Mit genauer Not kamen wir dort halb zufrieden an. Der Kaffee stand bereit, aber kaum nahm er sich so viel Zeit, ihn zu trinken, als wir wieder in den Wagen steigen und zurückfahren mussten. Überaus lange währte ihm der Rückweg, der doch kaum 20 Minuten dauerte. Seine Schwäche, die ihm die Zeit so sehr vergrößert vorstellte, artete in eine Art von Ungeduld aus, die ihn fast überwältigte, wobei er sich doch aber hütete, die Schuld der unternommenen Fahrt oder der zu langen Verzögerung mir zuzuschreiben. *Hat's denn noch kein Ende?* war die in jedem Augenblick wiederholte Frage. Sie wurde mit einem solchen Nachdruck und mit solcher Deklamation erneuert, als wenn er sie nur einmal getan hätte. Ich blieb indessen ganz ruhig dabei, ließ alles geschehen, weil ich wohl wusste, dass, sobald er in seine gewöhnliche ruhige Lage zurückgekehrt wäre, alles vergessen wäre. Welche Freude für ihn, nun einmal sein Haus zu erblicken! Unmutig über die weite Reise und die so lange Abwesenheit, ließ er sich auskleiden, wurde zufriedener, schlief sanft und wurde von keinen Träumen beunruhiget oder aufgescheucht. Bald darauf wurde von Reisen, weiten Reisen, Reisen ins Ausland mit erneutem und vermehrtem Enthusiasm gesprochen; doch waren die folgenden Ausfahrten, mit kleinen Abänderungen jener ersten ziemlich gleich. Etwa acht derselben, entweder in jenes Häuschen oder in meinen Garten und noch einen andern, war alles, was in diesem Jahre unternommen worden war. Dennoch hatten, besonders die Spazierfahrten nach dem Landhäuschen, für ihn ihren großen Nutzen. Sie erneuerten bei ihm solche Ideen aus den frühern Jahren seines Lebens, die ihn oft sehr aufheiterten. Das schon oft erwähnte Landhäuschen liegt auf einer Anhöhe unter hohen Erlen. Unten im Tale fließt ein kleiner Bach mit einem Wasserfall, dessen Rauschen *Kant* bemerkte. Diese Partie erweckte in ihm eine schlummernde Idee, die sich bis zur größten Lebhaftigkeit ausbildete. Mit fast poetischer Malerei, die *Kant* sonst in seinen Erzählungen gerne vermied, schilderte er mir in der Folge das Vergnügen, welches ein schöner Sommermorgen in den frühern Jahren seines Lebens ihm auf einem Rittergute, in der dort befindlichen Gartenlaube an den hohen Ufern der Alle, bei einer Tasse Kaffee und einer Pfeife gemacht hatte. Er erinnerte sich dabei der Unterhaltung in der Gesellschaft des Hausherrn und des Generals von L., der sein guter Freund war. Alles war dem Greise so gegenwärtig, als wenn er jene Aussicht noch vor sich hätte, jene Gesellschaff noch genösse. Um ihn recht zu erheitern, durfte man nur zuweilen dem Gespräche eine Wendung auf diesen Gegenstand geben, so war er sogleich wieder heiter und froh. Überhaupt konnte er durch die angenehmste Unterhaltung nicht so erheitert werden, als wenn man ihm angenehme Ereignisse der Vorzeit erzählte. Die Täuschung, als erinnerte er sich alles dessen von selbst, worauf ein anderer ihn brachte, und das Gefühl eigener Kräfte, das aus derselben entstand, war ihm überaus wohltätig und erheiternd.

Dieses ihm so wohltuende Gefühl zu wecken, war ein wahres Verdienst, das alle seine Tischfreunde um ihn hatten. Es war aber auch notwendig, mit seinen Ideen, Wünschen und Ereignissen bekannt zu sein. Vor dem Eintritt in sein Zimmer suchte ich mir daher genaue Nachricht von allem in meiner Abwesenheit Vorgefallenen zu verschaffen. Jeden Traum, den er gehabt, jeden Wunsch, den er geäußert, jeden Vorfall, der sich ereignet hatte, suchte ich vorher zu erfahren. Bei seiner jetzigen Art, sich uneigentlich auszudrücken, war es mir daher möglich, ihn leicht zu verstehen. Ich wusste schon alles, was er sagen wollte. Er klagte mir seine Schwäche bisweilen mit Unmut; aber von jedem unangenehmen Gegenstande brachte ich ihn durch Unterbrechung, wenigstens durch eine Frage aus der Physik oder Chemie ab, suchte dieses neue Objekt des Gesprächs für ihn anziehend zu machen; der unangenehme Gegenstand wurde vergessen und der angenehmere erhielt neues Interesse. Eine augenblickliche Unterhaltung gewährte ihm in diesem Sommer mehr als sonst die Musik beim Aufziehen der Wachparade. Er ließ, wenn sie bei seinem Hause vorbeizog, sich die Mitteltüre seiner Hinterstube, in der er wohnte, öffnen, und hörte sie mit Achtsamkeit und Wohlgefallen an. Man hätte denken sollen, der tiefe Metaphysiker hätte nur an einer Musik, die durch reine Harmonie, durch kühne Übergänge und natürlich aufgelöste Dissonanzen sich auszeichnet, oder an den Produkten der ernsten Tonkünstler, als eines *Haydn,* Behagen finden sollen; allein dieses war nicht der Fall, wie folgender Umstand beweiset. Im Jahre 1795 besuchte er mich mit dem verstorbenen G. R. v. Hippel, meinen Bogenflügel zu hören. Ein Adagio mit einem Flaggeoletzuge, der dem Ton der Harmonika ähnlich ist, schien ihm mehr widerlich als gleichgültig zu sein; aber mit eröffnetem Deckel in der vollsten Stärke gefiel ihm das Instrument ungemein, besonders wenn eine Symphonie mit vollem Orchester nachgeahmt wurde. Nie konnte er ohne Widerwillen daran denken, dass er einst einer Trauermusik auf Moses Mendelsohn beigewohnt habe, die, nach seinem eigenen Ausdruck, in einem ewigen lästigen Winseln bestanden hätte. Er bemerkte dabei, dass er vermutet hätte, dass doch auch andere Empfindungen, als z.B. die des Sieges über den Tod (also heroische Musik) oder die der Vollendung hätten ausgedrückt werden sollen. Er sei daher schon im Begriff gewesen, Reißaus zu nehmen. Nach dieser Kantate besuchte er kein Konzert mehr, um nicht durch ähnliche unangenehme Empfindungen gemartert zu werden. Rauschende Kriegsmusik prävalierte vor jeder anderen Art.

Gegen das Ende des Sommers, besonders im Herbste, nahm seine Schwäche in einem sehr beschleunigten Verhältnisse zu. Wenn der Bediente sich nicht zu Hause und *Kant* sich allein befand, so war er in Gefahr, durch Fallen ums Leben zu kommen. In einer solchen Abwesenheit des Bedienten fiel er einmal so stark, dass ihm das Gesicht und der Rücken stark mit Blut unterlaufen war. Nach Anwendung der Thedenschen Arquebusade, die ich sogleich besorgte, wurden beide ohne Arzt wieder gut. Er hatte nie körperlichen Schmerz erlitten und doch trug er dieses sein ungewohntes Schicksal mit männlicher Fassung und philosophischer Wegsetzung über das, was nun nicht zu ändern wäre und dessen Ende ruhig abgewartet werden müsse.

Der letzte Fall bewies aber nun auch, dass er ohne Gefahr keinen Augenblick allein bleiben könnte. Ich nahm seine Schwester, eine an Gesichtsbildung und Gutmütigkeit ihm ähnliche Person, die im St. George-Hospital eine Stiftstelle hatte, nach vorhergegangener Genehmigung in sein Haus. Sie hatte schon seit vielen Jahren von ihm eine Pension als Zulage erhalten, wodurch sie in den Stand gesetzt wurde, nach ihren wenigen Bedürfnissen bequem und sorgenfrei zu leben. Bei ihrem zunehmenden Alter wurde ihre Pension verdoppelt und beim Eintritt in sein Haus noch mehr erhöht. Sie war eine vieljährige Witwe, deren Mann vor Ablauf des ersten Jahres ihrer Ehe gestorben war. Ob sie gleich nur 6 Jahre jünger als ihr Bruder ist, so war sie doch nicht allein im vollsten Besitze ihrer Geistes- und Leibeskräfte, sondern noch sogar ziemlich lebhaft und frisch. *Kant* war nicht gewohnt, jemanden um sich zu haben; sie nahm daher nach dem Eintritt in sein Haus zuerst ihren Platz hinter seinem Stuhle ein, so dass ihre Gegenwart ihn nicht stören konnte. Nach und nach gewöhnte er sich sogar an ihre Gesellschaft. Ihr bescheidenes, zurückhaltendes Betragen, ihre Aufmerksamkeit auf den Augenblick, wenn ihr Bruder nicht mehr unterhalten sein wollte, machte sie ihm sehr wert. Sie hatte als seine nächste Blutsfreundin nicht nur die erste Verpflichtung, um ihn zu sein, sondern auch als eine gutmütige und recht herzliche Frau, die bei seiner zunehmenden Schwäche und zu seiner Pflege nötige Geduld, Sanftmut und Nachsicht. Ob es gleich bei ihrer Aufnahme in *Kants* Haus nur bloß auf ihre Gegenwart angesehen war, so ließ sie es doch bei ihrer gewohnten Tätigkeit nicht an wirklicher Beihilfe und

Unterstützung fehlen, sondern nahm sich seiner mit schwesterlicher Zärtlichkeit an. Nie entstand eine Art von Grenzstreitigkeit über unsern Wirkungskreis, nie ein Zwist zwischen ihr und *Kants* Gesinde. Überhaupt war *Kant* mit ihr wohlberaten.

Alles schien darauf hinaus zu deuten, dass der jetzige eintretende Sommer der letzte seines Lebens sein würde. Seine letzte Ausfahrt machte er im August, in den Garten seines geschätzten Freundes und öftern Tischgastes, des Hrn. C.R.H., in der Gesellschaft des Hrn. D.M. Beide waren bei *Kant* zu Mittag, als ihm der Vorschlag von ihnen zu dieser Ausfahrt gemacht wurde. *Kant*, der sich an mich gewöhnt hatte, wollte diese Fahrt ohne mich nicht anstellen. Ich wurde daher mit äußerster Schnelligkeit aufgesucht und nahm Teil an derselben, die ich darum auch nicht gerne versäumt hätte, weil sie die letzte war. Es war bei derselben auf die letzte Zusammenkunft mit seinem würdigen Freunde Hrn. H. P. S. angesehen. *Kant* kam früher in den Garten als sein Freund, war aber wegen seiner Schwäche zur Unterhaltung gar nicht aufgelegt. Nach seinem gänzlich verlorenen Zeitmaß währte ihm die Ankunft seines erwarteten Freundes viel zu lange; er war nicht zu bereden, ihn abzuwarten, um ihn noch zu sehen. Er beschleunigte das Ende seiner letzten Exkursion, wie er seine Spazierfahrten nannte, mit Ungeduld. Der Rest des letzten Sommermonats bot keinen schicklichen Tag zu einer Ausfahrt mehr dar, und so waren sie für *Kants* Leben geschlossen.

In sein oft benanntes Büchelchen zeichnete sich Kant unter dem 17. August folgendes Versuchen ein: Ein jeder Tag hat seine Plage, hat nun der Monat dreißig Tage, so ist die Rechnung klar, von dir kann man dann sicher sagen, dass man die kleinste Last getragen, in dir du schöner Februar. Der nächstfolgende Februar war sein Sterbemonat, in dem er die letzte und (im Vergleich mit seinen ehemaligen Kopfbedrückungen, den Blähungen auf dem Magenmunde und seinem sanften Einschlummern zur Ruhe) kleinste Last getragen hatte. Hätte er diesen Reim nur fünf Tage früher geschrieben, so hätte er diese Lobrede gerade ein halbes Jahr vor seinem Sterbemonate gehalten. Weder von *Kant*, noch von irgendeinem andern hatte ich diesen Vers je gehört, und ich weiß nicht, wo er ihn hergenommen hat.

Wenn man nun so bei herannahendem Herbste, besonders in den Vormittagen, *Kant* beobachtete, wie er kaum einen Schritt, auch selbst bei Unterstützung und Leitung mehr gehen, kaum mehr aufrecht sitzen, vor Schwäche kaum mehr verständlich reden konnte, so sollte man glauben, letztere hätte nicht mehr zunehmen können, und der heutige Tag müsse der letzte sein. Doch gab ein jeder Tag einen Beweis vom Gegenteil. So wie das Thermometer im späten Herbst allmählich tiefer fällt, bei eintretenden Sonnenblicken bisweilen steigt, aber stets wieder tiefer fällt, als es zuletzt gefallen war, so ging's auch mit *Kants* Kräften. Sein großer Geist strebte noch bisweilen heroisch empor, aber die Schwäche des Körpers drückte ihn nieder, er verlor nach jedem Druck Elastizität, ohne doch ganz zu erschlaffen.

Im Anfange des Herbstes nahm die Sehkraft seines rechten Auges sehr ab. Das linke hatte er schon längst gänzlich verloren. Nur zufällig bemerkte er diesen Verlust, indem er sich bei einem Spaziergange zum Ausruhen auf eine Bank setzte. Sein Beobachtungsgeist war immer geschäftig, daher stellte er den mit sich selbst schon oft gemachten Versuch an, mit welchem Auge er besser sähe; nahm ein Zeitungsblatt, das er eben bei sich hatte, hielt sich ein Auge zu und fand zu seinem Befremden, dass er auf dem linken nichts mehr sehen könne. Aus frühern Jahren seines Lebens erzählte er mir ähnliche merkwürdige Ereignisse. Bei der Rückkehr von einem Spaziergange vor dem Steindamschen Tore sah er den Turm der Neuroßgärtschen Kirche eine lange Zeit doppelt. Zweimal in seinem Leben wurde er auf einige Augenblicke stockblind. Ob diese Erscheinungen so selten sind, überlasse ich dem Urteile der Ärzte. Diese und ähnliche Vorfälle beunruhigten *Kant* nicht leicht, indem er stets auf alles gefasst war.

Nun wurde aber auch sein rechtes Auge so schwach, dass er in der Entfernung nichts mehr sehen konnte. Mich beunruhigte dieser Umstand sehr, ich dachte mir das Schreckliche seiner Lage, wenn er sein Gesicht gänzlich verlieren sollte. Sein lebhaftes Gefühl der Hilfsbedürftigkeit mehrte seine Wünsche und Forderungen oft bis zu meiner größten Verlegenheit. Er konnte kaum so viel sehen, um nur etwas zu lesen und zu schreiben, da er doch nur wenige Wochen vor seinem jetzigen Zustande die kleinste Schrift mit völlig unbewaffnetem Auge lesen konnte. Im Herbste schrieb er noch so, wie man mit geschlossenen Augen, wenn man im Schreiben geübt ist, seine Unterschrift zeichnen kann. Nun nahm er mich und meine unbedeutende Kunst mächtig in Anspruch. Ich sollte durch ein von mir zu erfindendes Mittel seine Sehsucht stärken, den kleinen Rest derselben vermehren und überhaupt ihn (die Art überließ er mir) in den Stand setzen, dass er lesen könne. Nichts war ihm langweiliger und unausstehlicher, als sich vorlesen zu lassen. Versuche dieser Art, die andere machen wollten, fielen nicht erwünscht aus. So verzeihlich sein Wunsch war, so gern ich ihn auch nur zum Teil befriediget hätte, so war mir doch die Erfüllung desselben gänzlich unmöglich. Je sehnlicher er ihn wiederholte, desto peinlicher wurde meine Lage. Ich schlug ihm ein Leseglas vor, aber es war für ihn eine Fessel, die er sich nicht anlegen wollte. Das Glas wurde verworfen, er konnte sich in dasselbe gar nicht finden. Ein Optikus wurde geholt, Brillen von verschiedenem Fokus versucht, gewählt und benutzt, doch konnte er nichts mehr lesen.

Jetzt verlangte er von mir: Ich sollte ihm eine zwei- oder dreifache Brille machen, jede mit gehörigen Zwischenräumen voneinander. Ich stellte ihm diesen Versuch als zwecklos vor; indem durch mehrere Brillengläser, wegen zu häufiger Strahlenbrechung die Objekte dunkler erscheinen müssten und die vermehrte Zahl konvexer Gläser den Fokus so verkürzen würde, dass wegen zu großer Annäherung des Buches das Tageslicht verhindert werden müsse, auf die Schrift zu fallen. Es wurde ein Versuch gemacht, indem drei Brillen durch Wachs vereiniget wurden und der Versuch entschied die Unmöglichkeit der Auflösung seines Problems.

*Kants* mechanische Probleme praktisch und mit dem von ihm verlangten Erfolge aufzulösen, hatte so manche Schwierigkeit. Da er keine Kenntnis von der praktischen Mechanik hatte, so verlangte er oft die Ausführung unmöglicher Aufgaben. Ich führe aus früheren Jahren ein Beispiel an. Er verlangte vor etwa zehn Jahren meinen Beistand zur Erfindung und Verfertigung eines Elastizitätsmessers der Luft. Zwei Glasröhren von sehr ungleichem Kaliber, wie bei Thermometern, mit zylindrischen Gefäßen, sollten aneinander geschmolzen werden, beide offen und in einem Winkel von 45 Graden gebogen sein. Die dickere Röhre sollte etwa ein Vierteil Zoll im Durchmesser halten, die dünnere eine Haarröhre sein und mit Quecksilber zur Hälfte gefüllt werden. Dieses meteorologische Instrument sollte auf ein Brett dergestalt befestiget werden, dass die dickere Röhre eine perpendikulare Richtung, die dünnere, an welcher eine Skala von 100 Graden laufen sollte, die Richtung unter 45 Graden erhielt. Bei verminderter Elastizität der Luft sollte der Merkurius sich in der kleineren Röhre zurückziehen, bei vermehrter aber steigen. Ich protestierte wider diesen Erfolg, der, nach meinem Dafürhalten, dem Gesetze widerspricht, nach welchem Tubi communicantes ohne Unterschied des Kalibers der Röhren die in denselben befindlichen Flüssigkeiten ins Gleichgewicht setzen, die Adhäsion ans Glas vielleicht abgerechnet. Der Elektrometer wurde fertig, die mit demselben angestellten Beobachtungen und Resultate wurden in den Kalender geschrieben: »der Elektrometer steht auf 49 Grad«. Am folgenden Morgen war er 50. *Kant* wollte schon sein: *Gefunden!* ausrufen, allein er war seinem Ziele noch nicht so nahe, als Archimedes. Als ich ihn auf die vermehrte Stubenwärme, die den Merkurius ausgedehnt haben möchte, aufmerksam machte, wurde er still und traurig. Es wurden Versuche mit Elektrometer, Barometer, Thermometer und Hygrometer angestellt und nichts Bestimmtes und Korrespondierendes bemerkt; außer, dass bei Wärme und Kälte der Elektrometer schwach als Thermometer wirkte. Ich habe diesen Umstand auch deshalb nicht übergehen wollen, damit eine Idee *Kants,* die er vielleicht keinem als mir kommunizieret hat, nicht gänzlich verloren ginge. Wenngleich Wärme und Kälte, vermehrte Schwere oder Dichtigkeit der Luft, Veränderungen im Stande des Quecksilbers im Elektrometer bewirken können, wenn gleich noch nichts in der Sache aufs Reine gebracht ist, so können scharfsinnigere Prüfungen und genauere Beobachtungen doch wohl kein anderes Resultat liefern. *Kant* bauete seine Theorie und die etwaige Haltbarkeit derselben auf die verschiedenen Bogen der sphärischen Wölbung des Quecksilbers an beiden äußersten Enden desselben in den, in ihren Durchmessern verschiedenen Röhren. Vielleicht vervollkommnet ein anderer Naturforscher diese hingeworfene Idee *Kants* oder vielleicht wird wenigstens *Kants* Wunsch, den er auf seinem Wege nicht erfüllt sah, manchem Physiker eine neue Ermunterung sein, auf einem anderen Wege den nämlichen Zweck zu erreichen. *Kant* versprach sich sehr viel Gewinn für die Meteorologie von jedem Instrumente, das eine Eigenschaft der Luft nur mit einiger Sicherheit bestimmte. Er bat mich daher, durch Nachdenken und Versuchen die Schwierigkeiten zu überwinden, um dem Zwecke näher zu kommen; versprach, bei Bekanntmachung dieser Erfindung meinen Anteil an derselben nicht zu verschweigen, viel weniger denselben sich selbst zuzueignen; als wenn mein Anteil der Erwähnung dieses Mannes wert gewesen; oder wenn es mir geglückt wäre, etwas weniges in der Sache zu tun, er den kleinsten fremden Beitrag sich zuzueignen imstande gewesen wäre. Dieser letzte Umstand entschuldigt vielleicht etwas die Berührung des Elektrometers, die sonst entbehrlich gewesen wäre, wenn jene Äußerung *Kants* auf seine Bescheidenheit nicht ein so vorteilhaftes Licht werfe.

Diese seine Idee führt mich auf eine andere, die, wenn sie gleich ebensowenig ausgeführt werden konnte, doch immer scharfsinnig bleibt. Zu der Zeit, da Hr. Dr. *Cbladny* in Königsberg seine akustischen Versuche machte, mich oft besuchte und mir die Handgriffe zeigte, die Töne sichtbar darzustellen, so kam nach seiner Abreise im Gespräch mit *Kant* die Rede auf diese sonderbaren Erscheinungen. *Kant* schätzte diese Erfindung als eine Entdeckung eines bis dahin unbekannten Naturgesetzes und machte mir einen sinnreichen Vorschlag zu einem physikalischen Versuch. Er schlug nämlich vor, die durch einen Bogenstrich erschütterte Glasscheibe unter ein Sonnenmikroskop zu bringen, um zu sehen, was durch diesen wellenförmig bewegten, durchsichtigen Körper, die so schnell hintereinander, unter verschiedenen Winkeln gebrochenen Sonnenstrahlen für eine Wirkung auf der Leinwand hervorbringen würden. Bei mir machte, ich muss es gestehen, diese Idee viel Sensation. Ich eilte beim ersten Sonnenblick Versuche anzustellen, die aber bei der gewöhnlichen Einrichtung der Sonnenmikroskope kein Resultat liefern konnten. Auch diese Idee halte ich der Aufbewahrung wert.

Im letzten Jahre seines Lebens empfand *Kant* Besuche der Fremden sehr unangenehm und lehnte sie so viel als möglich ab. Wenn Durchreisende einen Umweg von mehreren Meilen gemacht hatten, bloß aus der Absicht, ihn zu sehen und sich mit vieler Höflichkeit an mich wandten, so geriet ich oft in Verlegenheit, ihnen den Zutritt zu *Kant* zu verschaffen. Eine abschlägige Antwort kostete mir viel Überwindung und gab das Ansehen, als wenn man sich wichtig machen wollte. *Kant* wurde es schwer, ja es dünkte ihm erniedrigend, sich jetzt, da er zur Unterhaltung nicht mehr fähig war, in seiner Schwäche beobachtet zu sehen. Beispiele von Bescheidenheit und von Zudringlichkeit könnte ich genug anführen. Von ersteren nur eins statt aller. Ein großer Verehrer Kants, der es sehr deutlich gezeigt hat, wie sehr er diesen Mann schätzte, ein durch kollegialische Verbindung an ihn geknüpfter Mann, kam hier an, um seinen wichtigen Posten anzutreten, reichte seine Meldungskarte ein, überwand sich aber, durch persönlichen Besuch *Kant* auch nur einen Augenblick zu beunruhigen. Hätte ich dieses vor *Kants* Tod gewusst, so bin ich nach meiner Bekanntschaft mit *Kants* Denkungsart, Bürge dafür, er hätte nach seiner Humanität diesen seinen Kollegen kennen lernen müssen und würde ihn sich zu seinem Tischfreunde erbeten haben. Bisweilen war es mir unmöglich, seinen Verehrern augenblickliche Unterhaltungen mit ihm zu versagen. Gewöhnlich erwiderte er auf das Kompliment, dass man sich freue, ihn zu sehen: »An mir sehen Sie einen alten, abgelebten, hinfälligen und schwachen Mann.« Ich freute mich, dass ich unter den *Kant* besuchenden Durchreisenden den französischen Bürger *Otto,* der mit Lord *Hawkesbury* den Frieden schloss, kennen lernte. Ein anderer, der *Kant* in den letzten Zeiten seines Lebens suchte, verdient gleichfalls nicht übergangen zu werden. Es war ein junger russischer Arzt, der sich durch seinen Enthusiasmus für *Kant* auf eine ganz einzige Art auszeichnete. Sehnlich erwartete er den Augenblick, um ihm vorgestellt zu werden. Kaum sah er ihn, als er von Hochachtung durchdrungen, ihm die Hände küsste, um seine Freude recht lebhaft auszudrücken. *Kant,* den diese Art der Ehrfurchtsbezeugung stets verlegen machte, wurde es auch diesmal und wusste nicht, wie er derselben ausweichen sollte. Am folgenden Tage kommt jener zum Bedienten, erkundigt sich, was *Kant* mache, fragt, ob er auch in seinem Alter sorgenfrei leben könne, und bittet um ein einziges, von *Kants* Hand geschriebenes Blättchen, zum Andenken. Der Bediente sucht auf dem Boden, findet einen Bogen von der Vorrede zu seiner Anthropologie, den er kassiert und anders umgearbeitet hatte. Der Diener zeigt mir das Blatt vor und erhält die Erlaubnis, es fortgeben zu können. Als dieser es dem jungen Arzt in den Gasthof bringt, so ergreift er es mit Freude, küsst es und zieht, vom Enthusiasmus überwältigt, seinen Rock und seine Weste vom Leibe, gibt beides auf der Stelle dem Diener und einen Taler obenein. *Kant,* der vor allen exaltierten Äußerungen und Übertreibungen einen Abscheu hatte und sehr fürs Schlichte, Gerade und Natürliche war, wunderte sich, zwar mit Befremden; aber doch mit einer Art von Behagen über das so seltene Betragen seines jungen Verehrers.

Ich komme nun zu einer neuen Epoche in *Kants* Leben, die eine völlige Veränderung in seiner ganzen bisherigen Lage machte. Der wichtigste Tag seines bisherigen Lebens war der 8. Oktober 1803. An diesem Tage wurde Kant zum ersten Male in seinem ganzen Leben bedeutend krank. In seinen frühesten akademischen Jahren hatte er ein kaltes Fieber gehabt, das er sich durch einen Spaziergang, den er zum Brandenburgschen Tore hinaus und zum Friedländschen in die Stadt zurück machte, vertrieben hatte. In spätern Jahren meines Umgangs erlitt er eine starke Kontusion am Kopfe durch einen Stoß an der Türe. Wenn man will, mag man diese beiden Unfälle Krankheiten nennen; aber mehr hatte er, soviel er sich zu erinnern wusste, nicht gelitten. Aber der 8. Oktober legte den Grund zur Auflösung seiner physischen Existenz. Ich sehe mich genötiget, einige sonst übergangene Umstände zu berühren, wenn ich seine Krankheitsgeschichte etwas vollständig erzählen soll. In den letzten Monaten war *Kants* Appetit in Unordnung gekommen oder vielmehr ausgeartet. Er fand an keinen Speisen mehr Geschmack, sondern bekam eine heftige Begierde nach Butterbrot, welches er in einzelnen Bissen in geriebenen englischen Käse drückte und mit Gierigkeit genoss. Anfänglich wurde bei den andern Gerichten ihm die Zeit zu lang, und er wünschte, dass nur bald die Reihe an sein Lieblingsgericht kommen möchte; späterhin wartete er die Ordnung nicht mehr ab, sondern ließ zwischen jedem Gericht sich jene für ihn nachteilige Speise geben und genoss sie in starken Portionen. Mehr als jemals war dieses der Fall am 7. Oktober, am Tage vor seiner Krankheit, an dem er zwischen jeder Schüssel, die er verschmähte, übermäßig jene ihm nachteilige Speise genoss. Ich und sein zweiter Tischfreund rieten ihm den häufigen Genuss des fetten, schweren und trocknen Nahrungsmittels ab. Allein hier machte er die erste Ausnahme von seiner sonst so gewöhnlichen Billigung und Annahme meiner Vorschläge. Er bestand mit Ungestüm auf Stillung seines ausgearteten Appetits. Ich glaube nicht zu irren, dass ich zum ersten Male eine Art von Unwillen gegen mich bemerkte, der mir andeuten sollte, dass ich die von ihm mir gesteckte Grenze überschritte. Er berief sich darauf, dass diese Speise ihm nie geschadet habe und nicht schaden könne. Der Käse wurde verzehrt, und — es musste mehr gerieben werden. Ich musste schweigen und nachgeben, nachdem ich alles versucht hatte, ihn davon abzubringen.

Der nachteiligste Erfolg, der sich mathematisch demonstrieren ließ, traf ein. Eine unruhige Nacht ging einem traurigern Tage vorher. Bis um 9 Uhr morgens war alles noch so, wie es zu sein pflegte; aber um diese Zeit sank *Kant,* der von seiner Schwester geleitet wurde, von ihrem Arm plötzlich sinnlos zur Erde. Der Diener wurde gerufen, *Kant* schien vom Schlage gerührt zu sein. Das Bett wurde aus dem kalten Schlafzimmer in seine erwärmte Studierstube gebracht. Sobald er hineingelegt war, eilte der Diener zu mir, mit der raschen Anzeige: Sein Herr wäre im Sterben begriffen. Ich schickte sogleich zum Arzt, Herrn M.R.D.E, und eilte sogleich selbst hin, fand *Kant* ohne Bewusstsein, sprachlos und mit gebrochenem Auge in seinem Bette liegen. Er war durch keinen, nach und nach verstärkten Zuruf zum Aufblicken zu bringen. Schnell eilte der Arzt herbei; aber eben vor seiner Ankunft hatte *Kants* durch keine Art von Ausschweifungen geschwächte Natur, sich durch ihm selbst unbewusste Ausleerungen geholfen. Nach etwa einer Stunde kam er zum Aufschlagen der Augen und zum unverständlichen

Lallen, das gegen Abend, da er sich mehr erholte, in verständlichere Worte überging. Nun blieb er einige Tage zum ersten Male in seinem Leben bettlägerig und genoss nichts. Den 12. Oktober war ich allein bei ihm zu Mittage, er nahm den ersten Löffel Speise zu sich und verlangte Käse und Butterbrot. Ich war fest entschlossen, alles von *Kant* ruhig zu erwarten und über mich ergehen zu lassen, nur ihm keinen Käse mehr zu gestatten. Ich führte ihn durch ernste Gründe von seinem Vorsatz ab, und er folgte mir; besonders da ich ihm die Folgen vorhielt, die der Genuss dieser Speise für ihn gehabt hatte; er wusste aber nichts von seiner Krankheit und fand meine Behauptung, dass die Indigestion, die vom starken Genusse des Käses herrühre, ihm leicht das Leben hätte kosten können, ungegründet und meinen Entschluss, diesen Nachtisch abzuschaffen, hart. Einige Tage darauf wollte er einen Gulden, einen Taler und mehr für ein wenig Käse geben, mit dem Zusätze: Er habe es ja dazu; allein ich setzte mich standhaft dagegen. Er brach in wehmütige Klagen über die Verweigerung des Käses aus und entwöhnte sich endlich desselben; ob er gleich noch oft an ihn dachte. Ich behauptete, das Käsemachen gehöre nun zu den verloren gegangenen Künsten, vom Käse könne nie mehr die Rede sein. Vom 13. Oktober an wurden seine gewöhnlichen Tischgäste wieder eingeladen und er war wieder hergestellt, kam aber selten zu dem Grade von Heiterkeit, wie vor der Krankheit.

So gerne er sonst die Mahlzeit verzögerte, welches er coenam ducere nannte, so schnell wollte er sie jetzt beendiget wissen. Geschwind musste eine Schüssel der andern folgen, und um 2 Uhr war die Mahlzeit bereits beendiget. Gleich vom Tische, also schon um 2 Uhr ging er nun ins Bett, schlummerte zuweilen ein, wurde durch Träume aufgeschreckt, die man fast hätte Phantasien nennen können. Um 7 Uhr abends ging seine größte Unruhe an und dauerte bis 5 oder 6 Uhr morgens und auch wohl später. Gelassenes Herumgehen auf seiner Stube wechselte mit Angst ab und war bald nach dem Erwachen am stärksten.

Von dieser Zeit an musste er jede Nacht hindurch bewacht werden. Sein stets unermüdeter Diener, der den Tag über voll Beschäftigung hatte, musste bald bei dieser Anstrengung unterliegen, es musste also ein mit ihm wechselnder Gehilfe angenommen werden.

Obgleich *Kant* in frühern Zeiten nicht gern seine Verwandten um sich sah, doch nicht etwa, als wenn er sich ihrer geschämt hätte (über solche Schwachheiten war er unendlich erhaben), sondern weil er sich mit ihnen nicht zu seiner Satisfaktion unterhalten konnte; so hielt ich es doch aus mehr als einer Ursache für geratener, ihn lieber seinen Blutsfreunden als Fremden anzuvertrauen. Diese hatten nicht allein die erste Verpflichtung, zumal sie von ihm so reichlich unterstützt wurden, sondern konnten auch Zeugen der Behandlung und Pflege *Kants* von meiner Seite sein und sich überzeugen, dass es ihm an nichts fehle, vielmehr jeder seiner, ihm nicht schädlichen Wünsche mit aller Schnelligkeit befriediget würde, sowie auch von dem Aufwand, den sein jetziger Zustand erforderte. Gegen eine reichliche Belohnung neben der bisher empfangenen Pension und anständige Bewirtung des Abends wechselte sein Schwestersohn mit dem Diener im Wachen ab. Ich bin fest überzeugt und berufe mich auf jeden Unparteiischen seiner Tischfreunde, die zum Teil von einigen Vorkehrungen, die ich machte, Zeugen waren, dass in seiner Behandlung und Pflege nichts so leicht versehen wurde, dass er alles hatte, was ein Mann von seinem Stande und Vermögen nicht bloß haben muss, sondern auch nur haben kann.

Der 8. Oktober hatte auf *Kants* Kräfte stark gewirkt, aber sie noch nicht zerstören können. Es gab noch immer einige Augenblicke, in denen sein großer Verstand, wenngleich nicht mehr so blendend, wie ehemals, hervorstrahlte, doch noch immer sichtbar war, und in denen destomehr sein gutes Herz hervorleuchtete. Er erkannte in den Stunden, in denen er seiner Schwäche weniger unterlag, jede sein Schicksal ihm erleichternde Vorkehrung mit *gerührtem* Danke gegen mich und mit *tätigem* gegen seinen Diener, dessen äußerst beschwerliche Mühe und unermüdete Treue er mit bedeutenden Geschenken belohnte. Über die Größe und Art derselben nahm er vorher mit mir Rücksprache. Der Ausdruck war ihm zum Sprichwort geworden: »Es muss keine Knickerei oder Kargheit irgendwo stattfinden.« Die Worte sagen nicht viel; aber die Miene des ehrwürdigen Gesichtes, in dem sich jede Muskel zum Ausdruck der tiefsten Verachtung gegen alles verzog, was nur den Anschein von Geiz haben konnte, gab diesen Worten den eigentlichen Nachdruck. Geld hatte in seinem Auge keinen andern Wert, als nur, insoferne es Mittel war, durch weisen und zweckmäßigen Gebrauch desselben Gutes zu stiften. Von seinem Vermögen von 20000 Rtlr. und den mäßigen Einkünften seiner akademischen Lehrstelle, die in den letztern Jahren aus oben angeführten Ursachen wenig mehr einbrachte, gab er etatsmäßig jährlich zur Unterstützung seiner Familie und zur Armenkasse eine Summe, die nicht so leicht ein Reicherer hingibt; es waren *eintausend-einhundertunddreiundzwanzig Gulden,* die teils vierteljährig, teils monatlich von mir in seiner Gegenwart ausgezahlt wurden, wozu zwar die Pension von 40 Rtlr. für *Lampe,* aber nicht die Unterstützungen mehrerer Armen gehörten, die wöchentlich ihre Gaben abholten. Sonst pflegt dem hohen Alter sehr oft Geiz, wenigstens strenge Sparsamkeit, eigen zu sein; *Kants* Alter zeichnete sich durch edle und weise Freigebigkeit aus. Nur zur Zeit der Vertraulichkeit erfuhr ich erst von ihm die Summen, die seine Verwandten erhielten, und zwar nicht eher, als bis ich sie wissen musste, bis ich sie selbst auszahlte.

Bettlern, von denen er oft heimgesuchet wurde, gab er der Regel nach nichts; weil seine Mildtätigkeit auf Grundsätze gebauet war. Er wusste bei aller seiner körperlichen Schwäche Bettler, Betrüger und überhaupt alle Leute eines ähnlichen Gelichters, die seine Schwäche missbrauchen wollten, mit einem männlichen Ernst abzuhalten. Es fehlte ihm nicht an Mut und Nachdruck, auch bei seinem schon zusammengefallenen Körper, sich solchen Personen furchtbar zu machen. In den letzten Zeiten seines Lebens erfuhr dieses eine Dame auf eine ihr unerwartete Art. *Kant* war allein in seiner Studierstube. Der Weg von der Straße bis zu ihm stand immer offen. Wenn die Domestiken in Geschäften ausgegangen waren, wurden alle Stuben zugeschlossen; nur die seinigen nicht. Einst klopft ein wohlgekleidetes Frauenzimmer leise und bescheiden an seine Stubentür; wahrscheinlich war sie durch das übertriebene Gerücht von seiner Schwäche so kühn gemacht. *Kant* ruft: »Herein!« Sie scheint durch *Kants* noch rascheres Aufspringen vom Tische betreten zu sein, fragt leise, artig und verschämt: Was die Uhr sei? *Kant* zieht seine Uhr hervor, hält sie absichtlich fester, wie sonst, und sagt ihr wieder eben so bescheiden, was sie sei. Sie empfiehlt sich sehr artig und dankt für seine Güte. Kaum hat sie die Tür hinter sich zugezogen, so fällt ihr noch eine, bald vergessene Kleinigkeit ein: sie äußert noch eine Bitte, dass, da sein Nachbar, den sie namentlich nannte, sie eigentlich abgeschickt habe, um nach *Kants* Uhr die seinige zu stellen, er es gütigst erlauben möchte, dass sie seine Uhr nur auf wenige Augenblicke mitnehmen dürfte; weil doch beim Hinübergehen, das einen Zeitraum von einigen Minuten bedürfte, keine genaue Stellung möglich sei. Nun fährt *Kant* mit einem solchen Ungestüm auf sie los, dass sie ungesäumt die Flucht ergreift und er ohne irgendeinen erlittenen Verlust als Sieger den Platz behauptet. Gleich in dieser Minute kam ich hin, der Hinterhalt kam etwas zu spät, sonst hätte sie leicht gefangen werden können. Er erzählte mir sein bestandenes Abenteuer mit vieler frohen Laune. Ich fragte ihn scherzhaft: Was er wohl gemacht hätte, wenn die Dame mehr Herzhaftigkeit gehabt hätte und es wirklich zum Beutemachen gekommen wäre? Er behauptete: Er hätte sich tapfer gewehret. Meinem Bedünken nach wäre aber wohl der Sieg auf ihrer Seite geblieben, und *Kant* wäre in seinem hohen Alter zum ersten Male von einer Dame besiegt worden. Dieser Geschichte ist eine andere ziemlich ähnlich, die sich mit jener fast zu gleicher Zeit zutrug. Eine andere Frau, ebenfalls wohlgekleidet, wünschte ihn in Angelegenheiten, die sie nur mit ihm allein ohne Zeugen in

Ordnung bringen könnte, zu sprechen, *Kant,* der nichts vor mir zu verhehlen hatte, ließ sie an mich weisen. Ich erkannte sie als eine notorische Betrügerin und wusste, dass sie kürzlich einer angesehenen Dame zehn Taler abgedrungen hatte, die ihr letztere, weil sie nur allein im Hause war, aus Furcht etwaiger Gewalttätigkeit wirklich gegeben hatte. Sie musste mir ihr Anliegen eröffnen, welches in nichts wenigerm bestand, als in der verlangten Herausgabe eines Dutzend silberner Esslöffel und einiger goldener Ringe, die ihr Eigentum wären, und die ihr, ihrer Aussage nach, ungeratener Ehemann, bei *Kant* ohne ihr Vorwissen, in Versatz gegeben hätte. Sie war so gefällig und so zum Vergleich geneigt, dass, falls jene Sachen nicht mehr vorhanden wären, sie durch ein Äquivalent von einer Summe Geldes sich gern befriedigen lassen wollte. Meine Antwort auf diesen Antrag war bloß der Befehl an den Diener: den Polizeikommissar des Sprengels herzuholen. Sie war unentschlossen und in sichtbarer Verlegenheit, ob sie diese Vorkehrung auf sich deuten sollte, oder ob sie eine Miene anzunehmen hätte, als wenn ihr Geschlecht, ihr anständiger Anzug und ihre Unschuld sie über solche Veranstaltungen, als sie nicht treffend, erheben müssten. Eine andere Maßregel zu ergreifen, schien ihr doch geratener. Sie legte sich aufs Bitten, schützte ihre Not vor, in der sie sich befand, um diesen unüberlegten Schritt zu rechtfertigen und wurde nach einiger Ängstigung und dem gegebenen Versprechen, *Kants* Schwelle nicht mehr zu betreten, entlassen.

Nach dieser Ausbeugung lenke ich auf *Kants* Zustand wieder ein. Sein Arzt und von ihm geschätzter Freund besuchte ihn treulich so oft, als es sein Gesundheitszustand erforderte. Da *Kant* nicht eigentlich krank, nur alt und schwach war, so gab er ihm bloß nährende, stärkende und beruhigende Mittel und ging mit einer lobenswürdigen Behutsamkeit zu Werke. *Kant* nahm jetzt jede Arzenei ohne Weigerung ein, welches in früheren Zeiten nicht der Fall gewesen wäre. »Ich will sterben«, sagte *Kant,* »nur nicht *durch* Medizin; wenn ich ganz krank und schwach bin, mag man mit mir machen, was man will, dann will ich alles über mich ergehen lassen; nur keine Präservative nehme ich ein.« Er erinnerte sich dabei der Grabschrift eines Menschen, der im gesunden Zustande fortwährend Arzenei genommen hatte, um nicht krank zu werden, und sich durch übermäßigen Gebrauch derselben das Leben verkürzte. Diese Grabschrift hieß: N. N. war gesund, weil er aber gesunder als gesund sein wollte, so ist er hier. *Kant* tat stolz darauf, dass er keine Medizin nötig habe, übersah es aber von jeher, dass er täglich welche gebrauche; nämlich 3 und später 4 Pillen, die er jedesmal nach dem Essen verschluckte. Sie bestanden aus gleichen Teilen venetianischer Seife, verdickter Ochsengalle, Rhabarber und der Ruffinschen Pillenmasse, die der verstorbene *D. Trummer,* sein Schulfreund, der einzige, mit dem er sich du nannte, ihm empfohlen hatte. Mit ängstlicher Sorge, dass ihr Gebrauch nur ja nicht vergessen werde, bat er seine Tischfreunde, ihn daran zu erinnern. *Kant* war sehr heterodox in der Medizin. Er pflegte zu sagen: Alles was in der Apotheke verkauft, gekauft und gegeben wird, Pharmacon, venenum, und Gift, sind Synonyma. Schon früher hatte er sich zur Orthodoxie in der Medizin hingeneigt, und, um seine Blähungen auf dem Magenmunde los zu werden, einige Tropfen Rum auf Zucker à la Brown und die oben angeführten einfachen Mittel genommen, die seine Säure im Magen zersetzen sollten.

Im Dezember 1803 konnte er kaum seinen Namen mehr schreiben. Er sah so schlecht, dass er den Löffel nicht mehr fand, und wenn ich bei ihm speisete, so zerlegte ich ihm die Speisen, legte sie ihm in den Löffel und gab ihm denselben in die Hand. Ich erkläre mir sein Unvermögen, seinen Namen zu schreiben, auf folgende Art. Er sah den Buchstaben nicht mehr, den er gemacht hatte und sein Gedächtnis war so schwach, dass er den Buchstaben, den er nur nach dem Gefühl zeichnete, wieder vergaß, welches, wenn er ihn noch hätte sehen können, nicht der Fall gewesen wäre. Auch das Vorsagen der Buchstaben war von keiner Wirkung, denn es fehlte ihm an Einbildungskraft, sich die Figur derselben vorstellen zu können. Schon am Ende des Novembers sah ich dieses sein Schicksal schleunig auf ihn zueilen. Ich schrieb daher die Quittungen für seine um Neujahr fallenden Zinsen schon um diese Zeit und er zeichnete seinen Namen noch recht sauber unter dieselben. Bei spätern Unterschriften war sein Name so unleserlich geschrieben, dass ich Monita über die Echtheit seiner Hand von höhern Behörden befürchten musste. Er entschloss sich, mir eine Generalvollmacht ausfertigen zu lassen. Die Unterschrift unter diesem Protokoll ist der letzte Federstrich, den *Kants* Hand gemacht hat. Nur die höchste Notwendigkeit drang mich zu dieser Maßregel, von der ich aber auch nur den spätesten Gebrauch machte.

So schwach *Kant* jetzt schon war, so war er doch noch bisweilen zum Frohsein fähig. Jedesmal erheiterte ihn die Erinnerung an seinen Geburtstag, und ich rechnete ihm fleißig vor, wie lange es noch währen würde, bis sein 80stes Jahr zu Ende ging. Einige Wochen vor seinem Tode war dieses auch der Fall. Ich suchte ihn durch Vorerinnerung an denselben aufzuheitern. Dann werden, sagte ich, Ihre Freunde sich wieder alle um Sie her versammeln und ein Glas Champagner auf ihr Wohl trinken. »Das muss heute auf der Stelle geschehen«, war seine Antwort; er ließ nicht ab, bis sein Wille erfüllt wurde, trank auf seiner Tischfreunde Wohl und war an dem Tage recht froh.

Die ihm eigentümliche Gabe, sich ohne Affektation, doch sehr affektvoll auszudrücken, behielt er bis in sein spätestes Alter. In früheren Zeiten wusste er sich zum angenehmen Erstaunen mit Nachdruck deutlich auszudrücken und einen sehr treffenden Ton auf das zu legen, was er sagte. Weder eigentliche pathetische Deklamation, noch erkünstelte Gestikulation konnte dieses ihm eigene Talent genannt werden; besonders erzählte er eine von ihm gemachte Erfahrung, die ihn zum Erstaunen hinriss, mit vieler Lebhaftigkeit, Wärme und Nachdruck. Es war die Rede vom bewunderungswürdigen Instinkt der Tiere und der Fall folgender: *Kant* hatte in einem kühlen Sommer, in dem es wenig Insekten gab, eine Menge Schwalbennester am großen Mehlmagazin am Lizent wahrgenommen und einige Jungen auf dem Boden zerschmettert gefunden. Erstaunt über diesen Fall wiederholte er mit höchster Achtsamkeit seine Untersuchung und machte eine Entdeckung, wobei er anfangs seinen

Augen nicht trauen wollte, dass die Schwalben selbst ihre Jungen aus den Nestern würfen. Voll Verwunderung über diesen verstandähnlichen Naturtrieb, der die Schwalben lehrte, beim Mangel hinlänglicher Nahrung für alle Jungen, einige aufzuopfern, um die übrigen erhalten zu können, sagte dann *Kant:* »Da stand mein Verstand stille, da war nichts dabei zu tun, als hinzufallen und anzubeten«; dies sagte er aber auf eine unbeschreibliche und noch viel *weniger nachzuahmende* Art. Die hohe Andacht, die auf seinem ehrwürdigen Gesichte glühte, der Ton der Stimme, das Falten seiner Hände, der Enthusiasmus, der diese Worte begleitete, alles war einzig.

Eine gleiche Art von ernster Lieblichkeit strahlte aus seinem Gesichte, als er mit innigem Entzücken erzählte: wie er einst eine Schwalbe in seinen Händen gehabt, ihr ins Auge gesehen habe, und wie ihm dabei so gewesen wäre, als hätte er in den Himmel gesehen.

Auch komische Nachahmungen der Dialekte verschiedener Völker standen in seiner Gewalt. Ich könnte ein sehr komisches Gespräch in orientalischer Mundart anführen, das ich aber, weil es zu komisch ist, übergehe, dessen seine Tischfreunde sich wohl noch erinnern werden. Er war ein Freund von dergleichen Scherzen, und schrieb in den letzten Zeiten seines Lebens noch in sein Büchelchen: Klientenwein und verrostetes Brot; mit welchen Ausdrücken ein Franzos glühenden Wein und geröstetes Brot von seinem Gastwirte gefordert hatte.

Sein letztes Werk und einziges Manuskript, das vom Übergange von der Metaphysik der Natur zur Physik handeln sollte, hat er unvollendet hinterlassen. So frei ich von seinem Tode und allem dem, was er nach demselben von mir wünschte, sprechen konnte, so ungern schien er sich darüber erklären zu wollen, wie es mit diesem Manuskript gehalten werden sollte. Bald glaubte er, da er das Geschriebene selbst nicht mehr beurteilen konnte, es wäre vollendet und bedürfe nur noch der letzten Feile, bald war wieder sein Wille, dass es nach seinem Tode verbrannt werden sollte. Ich hatte es seinem Freunde Hrn. H.P. S. zur Beurteilung vorgelegt, einem Gelehrten, den *Kant* nächst sich selbst für den besten Dolmetscher seiner Schriften erklärte. Sein Urteil ist dahin ausgefallen, dass es nur der erste Anfang eines Werkes sei, dessen Einleitung noch nicht vollendet und das der Redaktion nicht fähig sei. Die Anstrengung, die *Kant* auf die Ausarbeitung dieses Werkes verwandte, hat den Rest seiner Kräfte schneller verzehrt. Er gab es für sein wichtigstes Werk aus; wahrscheinlich aber hat seine Schwäche an diesem Urteil großen Anteil.

Im Reden drückte *Kant,* besonders in den letzten Wochen seines Lebens, sich sehr uneigentlich aus. Seit dem 8. Oktober schlief er nicht mehr in seinem ehemaligen Schlafzimmer. Weil dieses Zimmer einen grünen Ofen hatte, so nannte er das Schlafengehen: an den grünen Ofen gehen. Bemerkenswert ist es, dass der große Denker nun keinen Ausdruck des gemeinen Lebens mehr zu fassen imstande war. An seinem Tische herrschte oft dumpfe Stille, wo sonst heitere und anständige Jovialität ihren Wohnsitz hatte. Er sah es nicht einmal gerne, wenn seine beiden Tischgäste sich miteinander unterhielten und er eine stumme Rolle dabei machen sollte; ihn selbst aber ins Gespräch zu verflechten, hatte gleichfalls Schwierigkeiten, denn sein sonst so leises Gehör fing auch an zu schwinden und er drückte sich, ob er gleich richtig genug dachte, sehr unverständlich aus. Einige Beispiele werden den großen Mann nicht verkleinern; freilich erfordert die Erzählung derselben einige aus dem gemeinsten Leben hergenommene Ausdrücke. Die Absicht zu zeigen, wie der große Mann sich zuletzt ausdrückte, wird die Anführung und den Gebrauch dieser Worte entschuldigen. Er sprach sehr uneigentlich; aber bei aller Unvollkommenheit des Ausdrucks war doch eine ganz eigene Ähnlichkeit zwischen dem Worte und der damit bezeichneten Sache. Als beim Tische von der Landung der Franzosen in England gesprochen wurde, so kamen in diesem Gespräche die Ausdrücke: Meer und festes Land vor. *Kant* sagte (nicht im Scherz), es sei zu viel Meer auf seinem Teller und fehle an festem Lande; er wollte damit andeuten, dass er im Verhältnis mit der Suppe zu wenig festere Speise habe. An einem andern Mittage, als ihm gebackenes Obst gereicht und der dazu gehörige Pudding, in kleine unregelmäßige Stücke zerschnitten, vorgelegt wurde, sagte er: Er verlange Figur, bestimmte Figur. Dieses sollte das regelmäßigere Obst bedeuten.

Es gehörte ein täglicher Umgang mit ihm dazu, um diese seine so uneigentliche Sprache zu verstehen; dennoch konnte ihm eine Art von Witz nicht gänzlich abgesprochen werden: ein kleines Goldkörnchen schimmerte doch noch immer durch. Fragte man ihn in seiner größten Schwäche, wenn er sich über die gemeinsten Dinge nicht verständlich ausdrücken konnte, über Gegenstände der physischen Geographie, Naturgeschichte oder Chemie, so gab er noch nach dem 8. Oktober zum Erstaunen bestimmte und richtige Antworten. Die Gasarten und ihre Stoffe waren ihm so bekannt, dass man sich noch in der letzten Zeit seines Lebens, sehr befriedigt von seinen Aufschlüssen, darüber mit ihm unterhalten konnte. Die Kepplerischen Analogien konnte er noch in seiner größten Schwäche hersagen. Am letzten Montage seines Lebens, als seine Schwäche zur tiefsten Rührung seiner Tischgenossen auffallend groß war und er nichts mehr fassen konnte, was man mit ihm sprach, so sagte ich leise zu dem andern Tischfreunde: Ich darf das Gespräch nur auf gelehrte Gegenstände lenken, und ich bürge dafür, dass *Kant* alles versteht und in das Gespräch entriert. Dies schien dem andern Freunde *Kants* unglaublich. Ich machte den Versuch, und fragte *Kant* etwas über die Barbaresken. Er sagte kurz ihre Lebensweise und bemerkte noch dabei, dass in dem Worte Algier das g auch wie ein g ausgesprochen werden müsste.

Kants Beschäftigungen in den beiden letzten Wochen seines Lebens waren nicht bloß zwecklos, sondern zweckwidrig. Bald musste die Halsbinde in einer Minute mehrmals abgenommen und umgebunden werden. Eben dieses war der Fall mit einem Tuche, das er seit vielen Jahren statt eines Passes über seinen Schlafrock zu binden gewohnt war. Sobald er letzteren zugehakt hatte, öffnete er ihn wieder mit Ungeduld, und sogleich musste er wieder zugemacht werden. Ist diese Erscheinung eine Folge der Ungeduld, eines Krampfes oder die Äußerung eines Schmerzes gewesen, für dessen Gefühl *Kants* Nerven schon abgestumpft waren? Dieses mag der Arzt und Physiolog entscheiden; allein die Beschreibung jener Ungeduld kann den Eifer nur schwach vorstellen, mit dem *Kant,* als mit der wichtigsten Angelegenheit beschäftigt, seine Kleidungsstücke öffnete und unermüdet wieder zumachte.

Er fing an, alle, die um ihn herum waren, zu verkennen. Bei seiner Schwester war es früher, bei mir später, bei seinem Diener am spätesten der Fall; dieser tiefe Grad seiner Schwäche war für mich sehr schmerzend. Verwöhnt durch seine sonst so gütigen Äußerungen, konnte ich seine jetzige Gleichgültigkeit gegen mich kaum ertragen, ob ich gleich wusste, dass er mir seine Gewogenheit nicht entzogen hatte. Aber desto erfreulicher war für mich der Augenblick, wenn seine Besinnungskraft zurückkehrte; nur war es traurig, dass solche Augenblicke so selten kamen. Es war ein rührender und betrübender Anblick für jeden seiner Tischfreunde, ihn in seiner Hilflosigkeit zu erblicken. Der Mann, der an stete Arbeitsamkeit gewohnt war, und jeder Art von Bequemlichkeit gern auswich, der sonst auf einem gewöhnlichen Stuhle den größten Teil seines Lebens zugebracht hatte, konnte sich kaum auf einem Armstuhle mit Kissen ausgefüllt erhalten. Gekrümmt, in sich gefallen, wie im Schlafe, saß er nun am Tische, ohne am Gespräche der Gesellschaft teilnehmen zu können; und zuletzt auch sogar ohne allen Anspruch, sich unterhalten zu lassen. Er, der in den größten Gesellschaften die vornehmsten und gelehrtesten Männer so lehrreich und angenehm unterhalten hatte, fasste nicht mehr die gewöhnlichen Gespräche und wiederholte sich selbst. Ein durchreisender Gelehrter aus Berlin machte ihm im vorletzten Sommer die Visite und sagte nachher: Er habe nicht *Kant,* sondern nur *Kants* Hülle gesehen; und was war damals *Kant*, und was jetzt?

Nun kam der Februar, von dem er sagte, wie oben bemerkt worden, dass in ihm wegen der geringeren Anzahl seiner Tage die kleinste Last getragen werde. Er ertrug in demselben die meisten seines Lebens, aber er hatte für ihn auch nur 12 Tage. Sein Körper, von dem er sonst sagte: Er sei das Minimum in der Magerzeit, den er seine Armseligkeit nannte, nahm ganz außerordentlich ab. Wenngleich der Tod keine Grade gestattet, so könnte man doch fast von *Kant* sagen, er sei einige Tage vor seinem Ende schon halbtot gewesen. Er vegetierte kaum mehr, und dennoch gab's Augenblicke, wo er noch bemerkte und reflektierte.

Am 3. Februar schienen alle Triebfedern des Lebens gänzlich erschlafft zu sein und völlig nachzulassen, denn von diesem Tage an aß er eigentlich nichts mehr. Seine Existenz schien nur noch die Wirkung einer Art von Schwungkraft nach einer 80jährigen Bewegung zu sein. Sein Arzt hatte mit mir Abrede genommen, ihn um eine bestimmte Stunde zu besuchen und dabei meine Anwesenheit gewünscht. Hatte *Kant* es behalten oder vergessen, dass ich ihm gesagt hatte: sein Arzt habe alle Belohnung großmütig verbeten und selbst die ihm schon insinuierte mit einem sehr rührenden Billett zurückgesandt, das weiß ich nicht. Genug, *Kant* war vom Gefühl der Hochachtung und Dankbarkeit gegen seinen Kollegen tief durchdrungen. Als er ihn neun Tage vor seinem Tode besuchte und *Kant* beinahe nichts mehr sehen konnte, so sagte ich ihm, dass sein Arzt käme. *Kant* steht vom Stuhle auf, reicht seinem Arzte die Hand und spricht darauf von *Posten,* wiederholt dies Wort oft in einem Tone, als wolle er ausgeholfen sein. Der Arzt beruhiget ihn damit, dass auf der Post alles bestellt sei, weil er diese Äußerung für Phantasie hält. *Kant* sagt: »Viele *Posten, beschwerliche Posten,* bald wieder *viele Güte,* bald wieder *Dankbarkeit«,* alles ohne Verbindung, doch mit zunehmender Wärme und mehrerem Bewusstsein seiner selbst. Ich erriet indessen seine Meinung sehr wohl. Er wollte sagen, bei den vielen und beschwerlichen Posten, besonders bei dem Rektorat, sei es viele Güte von seinem Arzt, dass er ihn besuche. *»Ganz recht«,* war *Kants* Antwort, der noch immerfort stand und vor Schwäche fast hinsank. Der Arzt bittet ihn, sich zu setzen. *Kant* zaudert verlegen und unruhig. Ich war mit seiner Denkungsart zu bekannt, als dass ich mich in der eigentlichen Ursache der Verzögerung hätte irren sollen, weshalb *Kant* seine ermüdende und ihn schwächende Stellung nicht änderte. Ich machte den Arzt auf die wahre Ursache, nämlich die feine Denkungsart und das artige Benehmen *Kants* aufmerksam und gab ihm die Versicherung, dass *Kant* sich sogleich setzen würde, wenn er, als Fremder, nur erst würde Platz genommen haben. Der Arzt schien diesen Grund in Zweifel zu ziehen, wurde aber bald von der Wahrheit meiner Behauptung überzeugt und fast zu Tränen gerührt, als *Kant* nach Sammlung seiner Kräfte mit einer erzwungenen Stärke sagte: *Das Gefühl für Humanität hat mich noch nicht verlassen.* Das ist ein edler, feiner und guter Mann! riefen wir, wie aus einem Munde, uns zu.

Es war Zeit zum Tisch zu gehen und der Arzt verließ uns. Der zweite Tischgast kam. Nach dem zu urteilen, was ich eben von ihm gehört hatte, glaubte ich auf einen recht frohen Mittag rechnen zu können; aber vergebens. *Kant* hatte schon seit einigen Wochen alle Speisen geschmacklos gefunden. Ich bemühte mich, ihren Geschmack durch unschädliche Gewürze, als Muskatnüsse oder Kaneel nach Maßgabe der Speisen zu erhöhen. Die Wirkung war kurz und vorübergehend. Jetzt an diesem Tage half nichts, der Löffel mit Speisen wurde in den Mund genommen und nicht verschluckt, sondern wieder aus demselben weggeschafft. Auch leichte Lieblingsspeisen, Biskuit, Semmelkrume, alles wollte nicht schmecken. Von ihm selbst hatte ich in frühern Zeiten gehört, dass einige seiner Bekannten, die am eigentlichen Marasmus gestorben waren, sich zwar völlig schmerzlos gefühlt, aber in 3-5 Tagen weder Appetit noch Schlaf gehabt hätten und dann so sanft zum Tode eingeschlummert wären. Ein Ähnliches fürchtete ich auch von ihm. Am folgenden Sonnabend hörte ich die lauten Zweifel seiner Tischgäste, je wieder mit ihm zu essen, mit Bedauern an und stimmte ihrer Meinung bei. Sonntags, den 5. Februar, speiste ich mit seinem Freunde Hrn. R. R. V. *Kant* war so schwach, dass er ganz zusammenfiel. Ich legte bei Tische, da er auf eine Seite sank, ihm die Kissen zurecht und sagte: Nun ist alles in der besten Ordnung. »Testudine et Facie«, sagte *Kant,* »wie in der Schlachtordnung.« Ganz unerwartet kam uns dieser Ausdruck, der auch das letzte lateinische Wort war, das er aussprach. Er aß auch jetzt nichts, die Speisen hatten dasselbe Schicksal wie in den beiden vorigen Tagen. Montag, den 6. Februar, war er um vieles schwächer und stumpfer; verloren in sich selbst, saß er mit starrem

Blick da, ohne etwas zu reden. Ohne alle Teilnahme an Gesprächen schien er selbst uns zu fehlen, nur sein Schatten war noch in unserer Mitte, und doch gab er noch bisweilen, sobald es auf wissenschaftliche Dinge ankam, Zeichen, dass er da sei.

Von nun an wurde *Kant* um vieles gelassener und sanfter. In den frühern Zeiten des Kampfes mit seiner Geistesstärke und guten Natur von der einen und dem immer weiter rückenden Alter von der andern Seite, war *Kant* des Lebens und jeder Freude desselben satt, konnte nichts mit sich und seiner Zeit anfangen, und war nicht imstande, sich verständlich auszudrücken. Er erhielt daher Dinge, die er nicht haben wollte, musste einige entbehren, die er gern gehabt hätte und nur nicht nennen konnte. Diese Irrungen machten es, dass er seinen Exklamationen einen zu harten Nachdruck gab und sie in Worten ausdrückte, die er früher für plebej gehalten haben würde. Der Mann, der in den frühern Jahren seines Lebens so fein und human auch für sich selbst dachte, dass, wenn er auf Zetteln, die nicht leicht einem andern, als nur ihm allein, zu Gesicht kamen, sich eine Gefälligkeit, um die er seine Freunde bitten wollte, aufzeichnete, es in keiner andern Art tat, als: Hr. N.N. wird gebeten, die Güte zu haben usw., der Mann verdient gewiss schonende Nachsicht, wenn er in seinem höchsten Alter seinen Ausrufungsformeln einen etwas grellen, ich will nicht sagen, rauen Anstrich gab. Sie hatten nur eine minder polierte Außenseite, nie waren sie böse gemeint. Der Kampf seiner Natur mit seinem Alter hatte manches, doch immer begrenztes, Aufbrausen verursacht; jetzt war die völlige Scheidung und Zersetzung seiner Kräfte vollendet, das etwaige Aufbrausen hörte auf, wie bei jedem chemischen Prozess dieser Art. Fuhr er sonst bisweilen gegen seinen Diener auf; so war auch in demselben Augenblicke wieder alles gut. Man sah es ihm zu deutlich an, dass er mit nichts in der Welt weniger zurecht komme, als mit dem Bösewerden. Er nahm sich dabei so links, dass es unverkennbar war, er sei an diese ihm unnatürliche Rolle gar nicht gewöhnt. Dieses Bösesein wollen und nicht können, gab ihm eine besondere Art von Liebenswürdigkeit; denn zu den tief eingeprägten Zügen der Gutmütigkeit auf seinem sanften, menschenfreundlichen Gesichte wollte die Miene des Unwillens immer nicht recht passen. Sein Diener wusste sehr gut, wie er mit ihm daran war und was er von seinem augenblicklichen Unwillen zu halten hatte. In den letzten Tagen seines Lebens war keine Spur der Unzufriedenheit bemerkbar, die einige Monate vorher stattfand.

Jetzt besuchte ich ihn täglich dreimal, ging daher auch über dem Essen zu ihm und fand seine beiden Tischfreunde, Dienstag den 7. Februar am Tische allein; *Kant* aber im Bette. Diese Erscheinung war neu und vermehrte unsere Besorgnisse, dass sein Ende nicht mehr fern sein dürfte. Noch wagte ich es nicht, ihn, der sich so oft erholt hatte, am folgenden Tage ganz ohne Mittagsgesellschaft zu lassen, bestellte bloß eine Suppe und wollte sein alleiniger Tischgast sein. Ich erschien um 1 Uhr, sprach ihm herzhaft zu, ließ auftragen; er nahm zwar, wie seit dem 3. Februar gewöhnlich, einen Löffel mit Suppe in den Mund, behielt ihn aber nicht, sondern eilte ins Bett und stand aus demselben nicht mehr auf, als wenn Bedürfnisse es für einige Augenblicke notwendig machten.

Donnerstag, den 9. Februar, war er zur Schwäche eines Sterbenden völlig herabgesunken und die Totengestalt stellte sich schon bei ihm ein. Ich besuchte ihn oft an diesem Tage, ging noch abends um 10 Uhr hin und fand ihn im Zustande der Bewusstlosigkeit. Er gab auf keine Fragen Antwort. Ich verließ ihn, ohne ein Zeichen erhalten zu haben, dass er mich kenne, und überließ ihn seinen beiden Verwandten und seinem Diener.

Freitag Morgens um 6 Uhr ging ich wieder zu ihm. Es war ein stürmischer Morgen und ein tiefer Schnee in dieser Nacht gefallen. Diebe hatten in derselben sein Gehöft erbrochen, um durch dasselbe bei seinem Nachbar, einem Goldarbeiter, einzubrechen. Als ich vor sein Bett trat, wünschte ich ihm einen guten Morgen. Unverständlich und mit gebrochener Stimme erwiderte er meinen Gruß auf gleiche Weise und sagte: *Guten Morgen.* Ich freute mich, ihn wieder bei Bewusstsein zu finden, fragte ihn, ob er mich noch kenne, er antwortete: Ja, reckte die Hand aus und strich mir mit der selben liebevoll über die Backe. Bei den übrigen Besuchen an diesem Tage schien er kein Bewusstsein zu haben.

Sonnabend den 11. lag er mit gebrochenem Auge, aber dem Anschein nach ruhig. Ich fragte ihn, ob er mich kenne? Er konnte nicht antworten, reichte mir aber den Mund zum Kusse. Tiefe Rührung durchschauderte mich, er reichte mir nochmals seine blassen Lippen. Fast darf ich die Vermutung wagen, er habe es auf einen Abschied von mir und Dank für vieljährige Freundschaft und Beihilfe angelegt. Mir ist nicht bekannt, dass er je einem seiner Freunde einen Kuss anbot, ich habe es wenigstens nie gesehen, dass er irgend einen derselben geküsset hätte.

Ich habe nie einen Kuss von ihm erhalten, außer wenige Wochen vor seinem Tode, da er mich und seine Schwester küsste. Doch schien er mir damals in seiner Schwäche nicht zu wissen, was er tat. Nach allen Umständen zu urteilen, bin ich in Versuchung, sein letztes Anerbieten für ein wirkliches Zeichen der, durch den Tod nun bald geendeten Freundschaft, zu halten. Dieser Kuss war aber auch das letzte Merkmal, dass er mich kannte.

Der ihm oft gereichte Saft ging nun schwer und mit einem Getöse, wie solches mit Sterbenden häufig der Fall ist, hinunter; es trafen alle Kennzeichen des nahen Todes zusammen. Es war ein schauerlicher Auftritt, den das Sterbebett des großen Mannes, vom schwachen Lichte der eben verfinsterten Sonne beleuchtet, gewährte.

Ich wünschte bei ihm auszudauern, bis er enden würde, und da ich Zeuge eines Teils seines Lebens gewesen war, auch Zeuge seines Todes zu sein; daher entfernten mich bloß meine Amtsgeschäfte von seinem Sterbebette. Da ich aus allen Umständen und dem Urteile seines ihn nun täglich besuchenden Arztes wusste, dass sein Leben seinem Ende entgegen eile, so bestimmte ich mich, so lange ihm beizustehen, als es möglich war, mit Freundes Hand sein letztes Labsal ihm zu reichen und mit derselben sein Auge zuzudrücken. Ich blieb die letzte Nacht an seinem Bette. So bewusstlos er an diesem Tage lag, so gab er am letzten Abende doch noch ein verständliches Zeichen, gewisser Bedürfnisse wegen, das Bett zu verlassen, doch war seine dadurch bewirkte Aufstörung fruchtlos, und er wurde zum letztenmal in sein Bett, welches, während der Zeit seines Aufenthalts außer demselben, mit äußerster Schnelligkeit in Ordnung gebracht wurde, getragen. Zur kleinsten Mithilfe waren seine Kräfte schon zu schwach. Er schlief nicht, sein Zustand war mehr Betäubung als Schwäche. Den mit Saft ihm dargereichten Löffel stieß er oft weg; aber in der Nacht um 1 Uhr neigete er sich selbst nach dem Löffel. Ich schloss daraus auf seinen Durst und reichte ihm eine versüßte Mischung von Wein und Wasser. Er näherte den Mund dem Glase, und als dieser aus Schwäche den Trunk nicht mehr halten konnte, so hielt er mit der Hand sich den Mund zu, bis alles mit Getöse hinunter war. Er schien noch mehr zu wünschen; ich wiederholte mein Anerbieten, so oft, bis er durch diese Erquickung gestärkt, zwar undeutlich, doch mir noch verständlich sagen konnte: *Es ist gut.* Dies war sein letztes Wort. Einige Male stieß er die Bettdecke von Eiderdaunen weg und entblößte sich den Leib. Ich suchte die Erkältung durch öftere Bedekkung zu hindern. Der ganze Leib und die Extremitäten waren schon kalt, der Puls intermittierte.

Den 12. um 3/4 auf 4 Morgens legte er sich gleichsam zum nahe bevorstehenden großen Akt seines Todes zurecht und gab seinem Körper eine völlig regelmäßige Lage, in der er bis zum Tode unverrückt liegen blieb. Der Puls war weder an Händen und Füßen, noch am Halse, fühlbar. Ich untersuchte jede Stelle, wo ein Puls schlägt, und fand, dass bloß in der linken Hüfte der zurückgezogene Puls mit Heftigkeit schlug, aber doch oft ausblieb.

Um 10 Uhr Vormittag veränderte sich seine Gestalt sehr merklich; das Auge war völlig starr und gebrochen, Totenblässe hatte das Gesicht und die Lippen entfärbt; doch war nicht die mindeste Spur von einem Todesschweiße zu entdecken. Die Wirkung seiner Maßregel, dem Schweiße vorzubeugen, währte bis zu seinem Tode fort. Gegen 11 Uhr schien der letzte Augenblick seines Lebens nahe zu sein. Seine Schwester stand am Fußende, sein Schwestersohn am Hauptende seines Bettes. Um ihn recht ins Auge zu fassen, um den Puls in der Hüfte beobachten zu können, kniete ich an seinem Bette hin, denn seine gekrümmte Richtung vor Alter verhinderte mir in stehender Stellung den Anblick seines Gesichtes. Ich rief seinen Diener, Zeuge des Todes seines guten Herrn zu sein. Der Augenblick begann, indem die Funktionen des Lebens aufhörten. Eben jetzt traf sein ausgezeichneter Freund Hr. R. R. V, den ich hatte bitten lassen, ins Zimmer. Der Atem wurde schwächer, er verfehlte den gewöhnlichen Takt; ein Atemzug blieb aus, die Oberlippe zuckte kaum bemerkbar, ein schwacher, leiser Atemzug folgte; auf ihn keiner mehr, der Puls schlug noch einige Sekunden fort, schlug langsamer und schwächer, nicht mehr fühlbar, der Mechanismus stockte und die letzte Bewegung der Maschine hörte auf. Sein Tod war ein Aufhören des Lebens und nicht ein gewaltsamer Akt der Natur. Gerade jetzt schlug die Uhr 11. Alle gemachten Versuche, ob noch eine Spur von Leben zu entdekken wäre, misslangen, und alles deutete auf seinen Tod hin. Die Empfindung, die seinen Freund und mich ergriff, war unnennbar und einzig in ihrer Art. Ich konnte die Täuschung in der Hand, als wenn sein Puls noch von mir beobachtet und gefühlt würde, nicht sogleich hemmen.

Eben jetzt, da sein letzter Lebenshauch kaum verweht war, trat sein Arzt ins Zimmer, der nach gehöriger Untersuchung die Wirklichkeit seines Todes bestätigte. Die

Anzeige seines erfolgten Todes wurde von mir besorgt, und ich eilte mit betrübtem Herzen nach Hause, da die Zeit zum Anfange meiner Amtsgeschäfte so nahe war. Bis nach Beendigung derselben blieb seine Leiche völlig bedeckt im Bette liegen. Ein Tischfreund *Kants* und seine Verwandten übernahmen die Beobachtung seines Körpers, ob etwa Spuren des Lebens sich äußern dürften. Bei meiner Rückkehr war keine entdeckt. Sein Haupt wurde beschoren, und dadurch zum Gipsabguss, den Herr Prof. *Knorr* übernahm, vorbereitet. Der Bau seines Schädels war nach allgemeinem Urteil derer, die in *Galls* Geheimnisse der Natur nicht eingeweiht waren, besonders regelmäßig gebaut. Nicht bloß seine Larve, sondern sein ganzer Kopf wurde geformt, damit vielleicht gelegentlich D. *Galls* Schädelsammlung durch einen Abguss dieses Schädels vermehrt werden könnte.

Seine Leiche wurde nun in seine ehemalige Essstube, in ihr Sterbegewand gekleidet, hingelegt. Eine große Menge Menschen aus den höchsten und niedrigsten Ständen strömte hinzu, um die Hülle zu sehen, die einst *Kants* großen Geist umschloss. So sehr ich vorher auf *Kants* ausdrückliches Verlangen bemüht war, alles ungebührliche Zudrängen ihm oft unbekannter Leute, die bloße Neugierde hintrieb, zur Vermeidung aller ihm lästigen Störung seiner Ruhe zu verhindern; so hielt ich es doch jetzt für unbillig, den Anblick seiner Leiche irgend jemandem zu verweigern. Alles eilte hinzu, die letzte Gelegenheit zu benutzen, um einst sagen zu können: Ich habe *Kant* gesehen. Viele Tage lang wurde zu ihm gewallfahrtet, zu jeder Tageszeit. Vom Morgen bis zum finstern Abend war das Zimmer bald mehr, bald weniger mit Besuchenden angefüllt. Viele kamen zwei-, auch dreimal wieder und in vielen Tagen hatte das Publikum seine Sehbegierde noch nicht völlig gestillt. Da darauf nicht im mindesten gerechnet war, den Körper zur Schau auszusetzen; aber dennoch so viele zu seiner Hülle hingezogen wurden; so wollte ich doch auch nichts versäumen, was etwa der Anstand erforderte. Ich ließ eine schwarze Trauerdecke mieten, um sie der Leiche unterzulegen. Das Gewerk, von dem ich sie mietete, erhielt für jeden Tag einen Taler; es gab eine schöne weiße Decke mit breiten Brabanterspitzen noch dazu, und die Älterleute nahmen für beides nur täglich einen Gulden, mit dem Zusatz, weil es für *Kant* wäre.

Zu den Füßen *Kants* legte ein Dichter ein Gedicht mit der Aufschrift: Den Manen *Kants*. Es mag schön gewesen sein; allein weder ich, noch alle meine Freunde und Bekannten, konnten die hohe Sprache fassen. Indessen war es doch gut gemeint, und die Bescheidenheit, mit der das Gedicht niedergelegt wurde, machte dem Dichter desto mehr Ehre.

Der gänzlich ausgetrocknete Körper *Kants* erregte Staunen, und das Geständnis war allgemein, dass man nicht so leicht einen abgezehrtern Leichnam gesehen habe. Ein Kissen, auf dem ihm einst die Studierenden ein Gedicht überreicht hatten, wusste ich nicht besser anzuwenden und zu ehren, als dass ich sein Haupt auf demselben ruhen ließ, und es mit ins Grab gab.

Über die Art seines Begräbnisses hatte *Kant* in frühern Jahren seinen Willen auf ein Oktavblättchen geschrieben. Er wollte des Morgens frühe in aller Stille, bloß von seinen Tischfreunden begleitet, begraben werden. Ich fand diesen Aufsatz, als ich mich mit seinen Papieren bekannt machte. Freimütig äußerte ich ihm meine Meinung, dass diese Vorschrift mich als seinen Leichenbesorger zu sehr beschränken würde, dass Umstände, die nicht vorher zu sehen wären, mich ins Gedränge bringen dürften. *Kant* legte auch nicht den mindesten Wert auf dieses Papier, zerriss es und überließ mir die Besorgung seines Begräbnisses ganz, ohne irgend etwas festzusetzen. Nie wurde mehr über diesen Punkt gesprochen. Es war leicht vorherzusehen, dass die Studierenden es sich nicht leicht würden nehmen lassen, irgendeine Ehrenbezeugung nach seinem Tode zu veranstalten. Diese Vermutung traf über alle Erwartung ein, und ein solches Leichenbegängnis, bei welchem die deutlichsten Spuren allgemeiner Hochachtung, feierlicher Pomp und Geschmack sich vereinigten, sahen Königsbergs Einwohner nie. Schon die öffentlichen Blätter, noch mehr eine besondere Schrift haben die Totenfeier *Kants* umständlich bekannt gemacht. Eine kurze Anzeige wird hinlänglich sein zu zeigen, wie sehr sich alles beeiferte, *Kants* Asche zu ehren. Am 28. Februar, um 2 Uhr nachmittags, versammelten sich alle hohen Standespersonen nicht nur der Stadt, sondern auch viele aus den herumliegenden Gegenden derselben, in der hiesigen Schlosskirche, um die sterbliche Hülle *Kants* zu ihrem Grabe zu begleiten. Die zu diesem feierlichen Aufzuge sehr geschmackvoll gekleidete akademische Jugend, die vom Universitätsplatze ausgegangen war, holte das Ehrengefolge aus der Schlosskirche ab. Als diese sich dem Trauerhause näherten, wurde die Leiche unter dem Geläute *aller* Glocken der ganzen Stadt empfangen. Der unabsehbare Zug ging ohne irgend einer Rangbeobachtung zu Fuße, von Tausenden begleitet, in die Dom- und Universitätskirche. Diese war mit einigen hundert Wachskerzen erleuchtet. Ein Katafalk mit schwarzem Tuche beschlagen, machte einen imposanten Eindruck. Eine feierliche, vortrefflich exekutierte Kantate und zwei Reden erhöhten die Empfindungen aller Anwesenden. Während einer Rede wurde dem Kurator der Akademie ein Trauergedicht von den Studierenden überreicht. Nach beendigter Feierlichkeit wurde *Kants* entseelte Hülle in der akademischen Totengruft beerdiget, wo nun seine Asche sich mit den Überresten vorausgegangener Väter der Akademie mischt. Friede seinem Staube!

Martin Burckhardt

# Die Komödie der Philosophie

Ehregott Andreas Christian Wasianski ist ein Glücksfall der Philosophie – und zwar, so merkwürdig es klingen mag, gerade seiner philosophischen Abstinenz wegen. Denn Wasianski, der zunächst als Diakon, dann als Pfarrer an der Tragheimer Kirche zu Königsberg wirkte, konfrontiert den Leser nicht mit einer Exegese der Kantischen Philosophie, sondern beschäftigt sich ausschließlich, wie der Untertitel verspricht, mit Kants Charakter und seinem häuslichen Leben. Diese Selbstbeschränkung auf das, was allein aus dem täglichen Umgange mit Kant erwachsen ist, macht das Dokument so einzigartig – eine philosophische *Home story*, der es gelingt, die Macht der Gewohnheit zu schildern, aber zugleich das biographische Detail, die Merkwürdigkeit eines Charaktersplitters, zu bewahren. Wie wenig selbstverständlich diese Selbstbeschränkung ist, wird deutlich, wenn man die parallel verfassten Lebensbeschreibungen von Borowski oder Jachmann liest, die, trotz des Umstandes, dass die Verfasser, wie Wasianski, ehemalige Schüler des Philosophen waren, bereits Züge des Hagiographischen verraten. Bei Jachmann[1] erscheint Kant schlechthin als *der Weltweise*, wie auch bei Borowski, nur dass letzterer so freundlich ist, das Prinzip seiner Darstellung vorab mitzuliefern: dass nämlich das Ganze einer Person nur dann zu schildern sei, wenn sie das Zeitliche gesegnet habe.[2] – Wasianski indes, der seinen beiden Vorrednern an Verehrung nicht nachsteht, vermag sich zu einer solchen Ganzheit nicht aufzuschwingen. Mag sein, dass dies mit der besonderen Tatsache zu tun hat, dass er der langsamen Auflösung seines Lehrers beiwohnte, zunächst als Teil seiner Tischgesellschaft, dann als Vertrauter, schließlich als Verwalter, zuguterletzt als eine Art Vormund und Krankenpfleger. Mag sein, dass sich hier gerade die Ambivalenz dieser Funktion oder der Pietismus des Geistlichen niederschlägt – auf jeden Fall zeichnet sich Wasianskis Darstellung dadurch aus, dass er nicht einmal den Versuch unternimmt, eine Ganzheit zu entwerfen. Stattdessen hält er sich ans Fragment, die Denkwürdigkeit. So groß ist die Verehrung des ehemaligen Schülers, dass er sich keinen Augenblick bemüßigt fühlt, das Denkmal des Philosophen vor seiner konkreten Gestalt beschützen zu wollen. Ganz im Gegenteil: noch der körperliche und geistige Zerfall wird auf eine gleichermaßen liebevolle wie präzise Art geschildert. So erfährt der Leser, dass Kant im letzten Lebensjahr seinen Namen nicht mehr habe schreiben können. Dass dies Wasianski, der Monita der höchsten Königsberger Behörden in Hinsicht auf die Echtheit der Unterschrift befürchtet, beschäftigen muss, versteht sich von selbst – dennoch führt ihn dies Detail zu einer Beobachtung, schreibt er das Unvermögen nicht der Kantischen Geisteszerrüttung, sondern seinem entschwundenen Sehvermögen zu, dass er den Buchstaben, den er nur nach dem Gefühl zeichnete, behalten hätte, *wenn er ihn noch hätte sehen können.* Denn: *Auch das Vorsagen der Buchstaben war von keiner Wirkung, denn es fehlte ihm an Einbildungskraft, sich die Figur derselben vorstellen zu können.*

Dieses Detail aber führt dem Leser vor Augen, dass man es mit einem durch und durch visuellen Menschen zu tun hat, der, wenn er von seinem philosophischen oder einem kritischen Auge spricht, tatsächlich vom bevorzugten Sinn spricht – dessen Verlust seine Einbildungskraft an ihre Grenze bringt. Kant ist *ganz Auge*, aber nicht Ohr. Zu dieser Beobachtung passt ein anderes Detail, von dem Wasianski erzählt. Nie konnte Kant ohne Widerwillen daran denken, dass er einst einer Trauermusik auf Moses Mendelsohn beigewohnt hatte, die, nach seinem eigenen Ausdruck, *in einem ewigen lästigen Winseln* bestanden hätte. *Er bemerkte dabei, dass er vermutet hätte, dass doch auch andere Empfindungen, als z.B. die des Sieges über den Tod (also heroische Musik) oder die der Vollendung hätten ausgedrückt werden sollen. Er sei daher schon im Begriff gewesen, Reißaus zu nehmen. Nach dieser Kantate besuchte er kein Konzert mehr, um nicht durch ähnliche unangenehme Empfindungen gemartert zu werden. Rauschende Kriegsmusik prävalierte vor jeder anderen Art.* – Tatsächlich lässt sich die Philosophie Kants als eine Art Heroismus der Abstraktion, des Fernsinns deuten – muss ihm die Empfindung, die, emphatisch, in sein Inneres dringt (und sei es auch im Angesicht des Todes), als ein *ewiges lästiges Winseln* vorkommen. Liest man die letzten Sätze der *Metaphysik der Sitten*, so hat man den philosophischen Konterpart dieser Idiosynkrasie vor Augen, kann man sehen, worin die *rauschende Kriegsmusik* der Kantischen Aufklärung besteht.

> Werdet nicht der Menschen Knechte. – Lasst euer Recht nicht ungeahndet von anderen mit Füßen treten. – Macht keine Schulden, für die ihr nicht volle Sicherheit leistet. – Nehmt nicht Wohltaten an, die ihr entbehren könnt, und seid nicht Schmarotzer, oder Schmeichler, oder gar (was freilich nur im Grad von dem Vorigen unterschieden ist) Bettler. Daher seid wirtschaftlich, damit ihr nicht bettelarm werdet. – Das Klagen und Winseln, selbst das bloße Schreien bei einem körperlichen Schmerz ist euer schon unwert, am meisten, wenn ihr euch bewusst seid, ihn selbst verschuldet zu haben: Daher die Veredlung (Abwendung der Schmach) des Todes eines Delinquenten durch die Standhaftigkeit, mit der er stirbt. – Das Hinknien oder Hinwerfen zur Erde, selbst um die Verehrung himmlischer Gegenstände sich dadurch zu versinnlichen, ist der Menschenwürde zuwider, so wie die Anrufung derselben in gegenwärtigen Bildern; denn ihr demütigt euch alsdann nicht unter einem Ideal,

> das euch eure eigene Vernunft vorstellt, sondern unter einem Idol, was euer eigenes Gemächsel ist.[3]

Wasianski zu lesen heißt, sich mit dem geheimen Leben des Philosophen zu beschäftigen – nur dass es hier, wie wir lernen, nicht eben viel zu verheimlichen gibt. Keine Frauengeschichte, kein Skandal, nicht einmal der Anflug einer perversen Neigung. Darüber hinaus ist Kant bemüht, und zwar in allen Lebenslagen, die Contenance zu wahren; selbst das abendliche Auskleiden wird so gestaltet, *dass er in jedem Augenblicke, ohne verlegen zu werden, oder bei seinem Aufstehen andere verlegen zu machen, erscheinen konnte.* In diesem Sinn bestünde das geheime Leben des Immanuel Kant darin, dass er keine Geheimnisse hat. In gewisser Hinsicht ist hier ein Œuvre Kants aufschlussreich, das er in der vorkritischen Zeit geschrieben hat: *Versuch den Begriff der negativen Größen in die Weltweisheit einzuführen.* Scheint es bei diesem Text um eine mathematische Frage zu gehen (nämlich die negative Größe), erlebt der Leser doch, dass der Autor hier gleichsam zu einer Totalabstraktion schreitet, beginnt er doch, sämtliche Empfindungen zu metrisieren. Statt der alten, sittlichen Polaritäten sind die Gefühle nun mehr auf einer Skala angeordnet, wo sie einander auslöschen. *Aus diesen Gründen kann man die Verabscheuung eine negative Begierde, den Haß eine negative Liebe, die Häßlichkeit eine negative Schönheit, den Tadel einen negativen Ruhm etc. nennen.*[4] Kant verfährt hier, wie ein anderer großer Pietist eine Generation zuvor verfahren ist, Benjamin Franklin, der in seiner *Dissertation on Liberty and Necessity, Pleasure and Pain* (1725) eine Art Währung entwirft, bei der die Empfindungen einander auslöschen – eine Logik, die schließlich in ein nicht minder merkwürdiges Projekt einmündet, Franklins Suche nach der *moralischen Perfektion.* Hat sich Franklin hier seine Vervollkommnung als Mensch auf die Fahnen geschrieben, so geht es Kant um den Nullpunkt, jenes gedankliche Zero, das eben nicht schlechthin nicht ist, sondern die *Auflösung des Widerspruchs* darstellt. Denn seine Gefühle dadurch zu begreifen, dass man sie auf einer Skala von Minus bis Plus, von Negativ zu Positiv anordnet, heißt, sich jener Gefühle überhaupt zu entwinden, jenen Ort einzunehmen, wo man sich gleichsam über alle Widersprüche und Begierden erheben zu können vermeint. In diesem Sinne ist die Geheimnislosigkeit des Kantischen Lebens nicht, wie man gerne vermeint, Ereignislosigkeit, das Leben eines staubtrockenen Hagestolzes, sondern eine Art Equilibristik, auf die sich, wie Wasianski berichtet, Kant so viel zu gute hält wie auf ein Kunstwerk, *wie der gymnastische Künstler, der lange auf einem schlaffen Seile äquilibriert, ohne von demselben nur einmal hinabzugleiten.*

Das geheime Leben des Immanuel Kant liegt ganz offen zutage, es liegt in den Details, die Wasianski erzählt. Für sich genommen erscheinen diese Details allesamt ein bisschen lächerlich, skurril, kleine Ausrutscher bestenfalls; hält man sich jedoch die Fallhöhe der Kantischen Philosophie vor Augen, so erlauben sie den Blick in eine Tiefe, die man bei einem anderen Mensch vielleicht einen *Abgrund* nennen würde. Es sind die kleinen Merkwürdigkeiten, die Idiosynkrasien, Anflüge von Aberglauben, gelegentliche Attacken der Maßlosigkeit. Mit einem sicheren Gespür dafür, dass hier mehr als bloß eine kleine Störung vorliegt, notiert Wasianski einen plötzlichen Käseheißhunger, der sich allem guten Zuraten gegenüber taub sich erweist: *Er bestand mit Ungestüm auf Stillung seines ausgearteten Appetits. Ich glaube nicht zu irren, dass ich zum ersten Male eine Art von Unwillen gegen mich bemerkte, der mir andeuten sollte, dass ich die von ihm mir gesteckte Grenze überschritte.* Und so verwundert es Wasianski nicht, dass am darauffolgenden Tage das Kantische

Universum zusammenbricht, dass er, wie vom Schlagfluss getroffen, kollabiert. – Ganz ins Metrum der Kantischen Welt eingespannt, hat Wasianski ein sicheres Gespür für ihre Proportionen, für die Störung, die noch die geringste Veränderung bedeutet. So ist nicht bloß die Abschaffung des ausgedienten Dieners ein hochdelikates Geschäft, auch die Einarbeitung des neuen Bedienten erweist sich als eine Art Drahtseilakt. Selbstverständlich ist Wasianski bestens präpariert, ist ihm der Kantische Tagesablauf so vertraut, dass er den neuen Diener mit einem exakten Stundenplan versehen kann. Das einzige, was man nicht weiß, ist, wie sich die morgendliche Teestunde gestaltet haben könnte. Als Wasianski, um fünf in der Frühe, im Kantischen Schlafzimmer erscheint, ruft seine Anwesenheit höchstes Befremden hervor, aber nicht, weil ein anderer statt seines alten Dieners hier erscheint, sondern weil er seit mehr als einem halben Jahrhundert keine lebendige Seele beim Tee um sich gehabt habe. Also möge er sich doch bitte so hinsetzen, dass Kant ihn nicht sehen müsse. Und wirklich ist diese Störung des Equilibriums so einschneidend, dass Kant diesen unerwarteten Morgenbesuch lange als Traum oder Zauber ansah.

Wasianskis Text, so könnte man in einer gleichermaßen altmodischen wie zeitgenössischen Sprechweise sagen, beschreibt die Kantische Ökonomie – also die Art und Weise, wie der ältere Herr, mit Diener, Köchin und der Gesellschaft der Tischfreunde, sein Hauswesen organisiert, ebenso wie die psychische Ökonomie, die diesem Hauswesen zugrunde liegt. Dass Wasianski hier den präzisesten Einblick haben musste, liegt auf der Hand; dass er seinerseits vom Ehrgeiz angetrieben war, es Kant recht zu machen, weist ihn als das aus, was er doch gar nicht zu sein vermeinte: als wahrhaft liebevollen Biographen. Tatsächlich ist der Text selbst dort liebevoll, wo es um wenig schmeichelhafte Dinge geht. So vermerkt

Wasianski die Tatsache, dass Kant seine Tischfreunde nicht nur nach Beruf und Wirkungsfeld, sondern nach Alter aussucht. Sie müssen deutlich jünger sein als der Philosoph selbst, und zwar, um die Wahrscheinlichkeit herabzusenken, dass Kant mit dem unvorhergesehen Tode eines solchen Tischfreunds konfrontiert werden könne, zweifellos, *um sich den Gram über den früheren Tod derer, an die er sich einmal gewöhnt hatte, zu ersparen.* Geschah es dennoch, dem feinen Kalkül zum Trotz, dass einer der Tischfreunde sich aus dem Kantischen Kosmos entfernt hatte, *zeigte er sich gefasst, beinahe möchte man sagen gleichgültig.* Die Deutung, die Wasianski gibt, ist überraschend. Denn er sagt, *dass Kant das Leben überhaupt, besonders die Krankheit, als einen steten Wechsel* [betrachtet habe], *von dem Nachricht einzuholen es der Mühe verlohnte; den Tod aber als permanenten Zustand, von dem eine Nachricht statt aller hinlänglich sei, wobei sich nun nichts mehr ändern ließe.* Mag diese Todesverachtung sich noch ins Kantische Universum fügen, so passt sie nun ganz und gar nicht zu der Information, die sein Zeitgenosse Jachmann überbringt: nämlich dass Kant sich von der Königsberger Polizei die monatlichen Sterbelisten habe kommen lassen, dass er weiterhin, mit diesem Datenmaterial munitioniert, regelmäßige Berechnungen über seinen wahrscheinlichen Todeszeitpunkt angestellt und zuguterletzt, mit einem gewissen Wohlgefallen, registriert habe, wie weit er nun schon in der Königsberger Gerontokratie aufgestiegen sei (oder andersherum: wie sehr sich die Reihen um ihn herum schon gelichtet hatten). Dies vor Augen, begreift man die uhrwerkmäßige Logik des Kantischen Tagesablaufs. Als tägliche Standhaftigkeit ersetzt sie die heroische Kriegsmusik und ist darin zugleich ein Sieg über den Tod, wie auch ein Bündnis mit dem Tod. So wie zwischen Liebe und Hass eine Art Nullpunkt liegt, so liegt zwischen Leben und Tod das Kantische Zero: das Leben als Uhr.

Das Hauptgesetz der Kantischen Tugendlehre ist, wie er selber sagt, die *Pflicht der Apathie.* Dies nimmt ein altes, stoisches Fühllosigkeitsideal auf – die Ataraxie, die sich als besondere Körperverachtung artikulierte. Und in genau dieses Register scheint auch Kant vorzustoßen, wenn er seinen Körper »meine Armseligkeit« (oder auch »Minimum in der Magerzeit«) nennt. Korrespondiert dieser physische Minimalismus trefflich mit seiner Philosophie, so steht doch die Sorge, die er seinem Körper angedeihen lässt, in einem fast grotesken Gegensatz zu dieser prätendierten Körperverachtung. *Es hat vielleicht nie ein Mensch gelebt*, so schreibt sein Biograf und Zeitgenosse Reinhold Bernhard Jachmann, *der eine genauere Aufmerksamkeit auf seinen Körper und auf alles, was diesen betrifft, angewandt hat als Kant.*[5] Die Art und Weise, wie Kant seine Schweißausdünstungen überwacht, verrät nicht bloß eine Idiosynkrasie, sondern ein ausgeklügeltes, hochkomplexes Zwangssystem. Dies beginnt bei der Sorge, den Blutfluss nicht durch irgendeine Einschnürung zu hemmen – und führt zu jener ingeniösen Strumpfhaltervorrichtung, bei der die Strümpfe über eine Uhrfeder und Darmseiten gehalten werden. Versagt dieser Mechanismus nur ein einziges Mal, aufgrund drückender Schwüle etwa, bleibt Kant so lange still stehen, bis die Anwandlung zur Transpiration vorüber ist. Folglich ist das Eigenleben des Körpers, die unkontrollierte Schweißabsonderung, nicht bloß ein Quell steter Beunruhigung, sondern, selbst als Anflug, geradezu eine Gefährdung. Geschah es dennoch, aller Vorbeugemaßnahmen zum Trotz, dass er in einer schwülen Sommernacht eine Spur von Schweiß an sich entdecken musste, *so erwähnte er dieses Falles mit einer Art von Wichtigkeit, als eines ihm zugestoßenen widrigen Ereignisses.* Ja, noch im Sterben (wie Wasianski beeindruckt mitteilt) währte diese Maßregel, dem Schweiß vorzubeugen – war keine Spur von Todesschweiß zu entdecken gewesen.

Der schwitzende Körper, so könnte man paradox sagen, stellt so etwas wie eine unabweisbare Naturwidrigkeit dar, die man zum geringsten Übel zurechtstutzen muss. In diesem Sinn gibt es keine reine Vernunft, wird jeder Gedanke, der auf ein sinnliches Wesen trifft, notgedrungen kontaminiert. Dennoch – das ist das Besondere an seiner Philosophie – weiß Kant, dass das Sinnliche dem Geistigen zugehört, dass es nur um eine Form der Koexistenz gehen kann. Vielleicht gibt es kein Wort, dass die Kantische Technik deutlicher klar macht als das Wort »Absonderung«. Die Absonderung aller sinnlichen Bedingung, aller Materie, aller empirischen Bedingungen, der Substanz, ja selbst die Absonderung der Zeit – stets geht es darum, das Vermischte zu entmischen, die Ideen von der sinnlichen Welt zu trennen. Die Kontrolle des Schweißes steht mithin für das Vermögen, im Geiste jene Absonderungen vollziehen zu können. Hier zeigt sich, dass der Versuch, die negative Größe in die Weltweisheit einführen zu wollen, kein mathematisches, sondern ein sittliches Kalkül ist. Wenn Kant Diät, Sparsamkeit, Höflichkeit, Zurückhaltung[6] predigt, so geht es um die Zähmung und Überwindung des Körpers, um den Versuch, diesen Rückstand des *Tierhaften und Viehischen* der Vernunft zu unterwerfen. Fast könnte man meinen, dass man den Schweiß zu überwinden habe, weil er nicht zweckmäßig sei.

In diesem Sinne ist die Verehrung, die Kant der Natur entgegenbringt, überaus merkwürdig – hat man das Gefühl, dass es in Wahrheit nicht um Natur, sondern um eine wunderbar organisierte Weltmaschine geht.

> *Kant* hatte in einem kühlen Sommer, in dem es wenig Insekten gab, eine Menge Schwalbennester am großen Mehlmagazin am Lizent wahrgenommen und einige Jungen auf dem Boden zerschmettert gefun-

> den. Erstaunt über diesen Fall wiederholte er mit höchster Achtsamkeit seine Untersuchung und machte eine Entdeckung, wobei er anfangs seinen Augen nicht trauen wollte, dass die Schwalben selbst ihre Jungen aus den Nestern würfen. Voll Verwunderung über diesen verstandähnlichen Naturtrieb, der die Schwalben lehrte, beim Mangel hinlänglicher Nahrung für alle Jungen, einige aufzuopfern, um die übrigen erhalten zu können, sagte dann *Kant:* »Da stand mein Verstand stille, da war nichts dabei zu tun, als hinzufallen und anzubeten«; dies sagte er aber auf eine unbeschreibliche und noch viel *weniger nachzuahmende* Art. Die hohe Andacht, die auf seinem ehrwürdigen Gesichte glühte, der Ton der Stimme, das Falten seiner Hände, der Enthusiasmus, der diese Worte begleitete, alles war einzig.

Es ist der *verstandähnliche Naturtrieb*, die Reduktion auf die *absolute Zweckmäßigkeit*, die ihn zur Anbetung der Natur verleitet – aber, wie leicht ersichtlich, handelt es sich hier doch wohl eher um die Anbetung einer *intelligenten Maschine.*

Wenn die Königsberger ihre Uhren nach dem »Umlauf« des Philosophen-Spaziergängers stellten[7], so ist dies nur ein äußerlicher, aber doch bezeichnender Ausdruck einer inneren Zwangsläufigkeit: *So war ein Tag dem andern ähnlich und in dieser ihm weder lästigen noch langweiligen Gleichförmigkeit gingen Kants Tage in strenger Ordnung froh dahin. Gerade diese Ordnung und seine sich stets gleiche Diät scheinen viel zu seinem langen Leben beigetragen zu haben, und er sah daher auch seine Gesundheit und sein hohes Alter fast als sein eigenes Werk an; ja als ein Kunststück, wie er es selbst nannte: bei so vielen Gefahren, denen das Leben ausgesetzt ist, sich noch bei allem Schwanken im Gleichgewicht zu erhalten.* Dies durch und durch Zwangscharakterartige (das man im Französischen treffend »automatisme« nennt) ist die wahre Lust des Metaphysikers. Rhythmus, Gleichmaß, Wiederkehr. Die tiefste, freundschaftliche Neigung verspürt Kant zu dem englischen Kaufmann Green, der noch uhrwerkmäßiger tickt als der Philosoph – und der Kant, als er sich einmal zwei Minuten zu einer Spazierfahrt verspätet, unnachsichtig ignoriert. Erwähnt Wasianski, wie inniglich der Philosoph seine Uhr geliebt habe, so verwundert ihn der Zustand der Zeitlosigkeit, ja, der vollständige Verlust des Zeitmaßes, der Kant im hohen Alter befällt. So wie der blinde Kant die Schrift verliert, so verliert der zeitlose Philosoph jegliches Maß, muss nun alles auf der Stelle, subito, geschehen. Das Terrorregiment, das vordem der Uhr innewohnte, tritt nun ungehindert ans Licht – oder genauer: es lässt jenen Ewigkeitsanspruch hervortreten, der in seiner Philosophie versteckt liegt. Tatsächlich ist ja die größte Merkwürdigkeit, dass der Philosoph, der Raum und Zeit als *Formen der Anschauung* begreift und der die mechanistische Philosophie vom Throne stößt, sich niemals der Frage gestellt hat, dass auch die mathematische Zeit nichts anderes ist als ein formalisiertes Uhrwerk. Der konkrete Raum und die konkrete Zeit werden zu einem quälenden Hier und Jetzt, an dem sich der Wille stößt. So arten die *großen Reisen*, nach denen der Greis verlangt und auf die er sich monatelang freut, zu Orgien der Ungeduld aus:

> Nur erst spät im Jahre, gegen den längsten Tag, fuhren wir in jenes Häuschen auf dem Lande. Beim Einsteigen in den Wagen war die Losung: Nur recht weit! aber wir waren noch nicht am Tore, so dünkte ihm der Weg schon zu lang zu sein. Mit genauer Not kamen wir dort halb zufrieden an. Der Kaffee stand bereit, aber kaum nahm er sich so viel Zeit, ihn zu trinken, als wir wieder in den Wagen steigen und zurückfahren mussten. Überaus lange währte ihm der

> Rückweg, der doch kaum 20 Minuten dauerte. Seine Schwäche, die ihm die Zeit so sehr vergrößert vorstellte, artete in eine Art von Ungeduld aus, die ihn fast überwältigte, wobei er sich doch aber hütete, die Schuld der unternommenen Fahrt oder der zu langen Verzögerung mir zuzuschreiben. *Hat's denn noch kein Ende?* war die in jedem Augenblick wiederholte Frage. Sie wurde mit einem solchen Nachdruck und mit solcher Deklamation erneuert, als wenn er sie nur einmal getan hätte.

Es ist gewiss eine Ungerechtigkeit, die Philosophie dieses Mannes mit seiner Alterssenilität kurz zu schließen – dennoch stellen die Stellen, welche seine regressiven Neigungen überdeutlich hervortreten lassen, so etwas wie Geheimschlüssel zu seinem Werk dar, zu jenen Katakomben, die Kant auf der Höhe seiner Geisteskräfte sehr viel besser zu verbergen gewusst hat. Seine Zeitlosigkeit, die Idee von kleinen und großen Reisen (die schon an der Straße vor dem Hause enden), der Garten, in dem sich der Philosoph beklommen wie auf einem wüsten Eiland vorkommt – all dies verrät, gerade in seiner Theatralik, ein Maß an Weltfremdheit, das auch den Denker kennzeichnet. Wenn sein Biograf Jachmann sagt, dass Kant, auf dem Höhepunkt seines eigenen Schaffens, fast keinen anderen als sich selbst verstand, oder mit anderen Worten: dass es ein tiefes Problem für ihn dargestellt habe, sich in das Gedankengefüge eines anderen Menschen zu versenken, so belegt dies, in welchem Maße die Kantische Apathielehre einem tiefen, geradezu existentiellen Lebensgefühl gefolgt sein muss. In diesem Sinn ist es durchaus nicht falsch, das Problem und die Überwindung des schwitzenden Körpers als ein Kernstück seiner Lehre zu begreifen – als eine Art hoher Despontanesierungskunst, als tiefes und inneres *Begehren.* Kant mit Wasianski zu lesen, hieße also, nicht bloß die *Pflicht*, sondern die *Lust an der Pflicht* zu begreifen, zu begreifen, worin das Begehren und die Befriedigung bestehen, die sich der Philosoph damit verschafft. Denn das *transcendentale Subjekt*, von dem in der Kantischen Philosophie die Rede ist, ist zuallererst der Philosoph selbst, der sich all der unangenehmen Seiten entschlägt, von denen das Leben voll ist, oder genauer: dem es gelingt, dieses Leben so zu metrisieren, dass die Lust ihren Nullpunkt erreicht. Wenn Kant-Biographen gelegentlich darüber geklagt haben, dass es in Anbetracht der Ereignislosigkeit des Kantischen Lebens fast unmöglich sei, eine anständige Kant-Biographie zu verfassen, so übersehen sie, dass das Triebwerk dieses Lebens nicht in den *großen Augenblicken* liegt, sondern dass man es vielmehr auf der anderen Seite der Skala suchen muss, dass sich Größe hier als *negative Größe*, als Strategie der Vermeidung, artikuliert. Genau aus diesem Grund ist Wasianskis Text so überaus bedeutsam. Denn all diese kleinen Merkwürdigkeiten, von denen er berichtet, stellen tatsächlich, nur in verkleinerter Form, Weltdramen dar. Musste der Heilige Antonius in der ägyptischen Wüste noch gegen die Verlokkungen des Himmels ankämpfen, so ist Kant in der Beherrschung des Körpers deutlich fortgeschritten, ist es die alltägliche Welt, die die Bühne zum Drama seiner Philosophie darstellt.

Es ist kein Zufall, dass Thomas de Quincey, als er zwanzig Jahre nach Kants Tod auf Wasianskis *Beitrag zu seinem Charakter und seines häuslichen Lebens* stieß, vermeinen konnte, auf eine literarische Goldader gestoßen zu sein. Ein Aspekt war dabei natürlich, dass Kant zu dieser Zeit schon zu einem Monument geworden war – und dass sich Wasianskis *home story* trefflich als Dekonstruktionsmaschine eignete. So konnte dieser Text, als *objet trouvé* aufgenommen, zu jenem perfekten Verbrechen werden, von dem de Quincey stets geträumt hatte. Philologisch besehen jedoch ist de Quinceys

Text (der 1827 in *Blackwood's Magazine* veröffentlicht wurde) eine fast wörtliche Übernahme. Es gibt unbedeutende Kürzungen, Interjektionen (deren Sinn nicht immer sofort einleuchtet), dann eine Reihe von Fußnoten. Aber zum Großteil sind *Die letzten Tage des Immanuel Kant* nichts anderes als eine wortgetreue Übersetzung (die dann, mit de Quinceys Ruhm, ihren Weg in die Muttersprache zurückgefunden hat). Wenn die Kommentatoren von Quinceys *Letzten Tagen* nicht müde werden – nicht selten wohl auch in gründlicher Unkenntnis der Wasianskischen Vorlage –, seinen Anteil herauszustreichen (*es muss zu de Quincey'scher Prosa werden, sich in seinen stilistischen Arabesken auflösen*[8]), so ist es doch niemand anderer als Wasianski, der spricht (was ein Beleg für jene oben erwähnte Stilsicherheit ist). Tatsächlich ist das Wunderbare an diesem Text, dass er gleichsam wie erfunden daherkommt – wie ein Stück großer Literatur. In diesem Sinn wäre nicht de Quincey zu kritisieren, sondern nur darauf hinzuweisen, dass das, was Literatur zu sein scheint, tatsächlich ein Dokument ist – das Dokument eines überaus rechtschaffenen, zurückhaltenden und skrupulösen Dokumentaristen zudem.

Gleichwohl ist die vermeintliche Literarisierung (also die Tatsache, dass der Wasianskische-O-Ton als literarische Fälschung durchzugehen vermochte) selbst eines Kommentars wert. Wenn de Quinceys »Fälschung« (die doch nichts anderes war und sein konnte als eine Wiedergabe dessen, was ein unverdächtiger Chronist aufgezeichnet hatte) als »subversive« Literatur durchgehen konnte, so führt uns diese Rezeptionsgeschichte zu einem Konflikt, der sich zwischen der Philosophie und dem Philosophen auftut, zwischen Leben und Werk. Dennoch findet dieser Bruch nicht im Leben der Philosophen statt, sondern vielmehr in den Köpfen seiner Leser. Liest man Wasianski, begreift man: Das Kantische Unbewusste liegt nicht versteckt, sondern ganz offen zutage.

Wasianski erzählt, wenn man so will, die Komödie der Philosophie. Der große Theoretiker im Streit mit dem kleinen Praktiker Lampe an seiner Seite, das ist ein Komödienstoff. Wie der Freiheitsprediger Kant, der die Aufklärung als die »Befreiung des Menschen aus der selbstverschuldeten Unmündigkeit« predigte, von seinem Diener Lampe, dem ausgedienten Soldaten, verlangt *Sprech er mir nach! Hartungsche Zeitung* – und wie der ausgediente Soldat dem Willen des geheimen Zwangscharakters nachkommt, das ist nicht bloß, wie Wasianski sagt, *possierlich*, es ist der Stoff, aus dem ein Thomas Bernhard seine wunderbaren Komödien gemacht hat. Man wird nicht auf eine *große Geschichte* stoßen, nicht einmal auf besonders imponierende Bilder, nur auf jene Mikrodramen, die das Wesen der *comedie humaine* ausmachen. Kaffee, sofort!

## Anmerkungen

1 Reinhold Bernhard Jachmann: *Immanuel Kant geschildert in Briefen an einen Freund.* In: Immanuel Kant. Darmstadt 1993.
2 Borowski: *Skizze zu einer künftigen zuverlässigen Biographie des preußischen Weltweisen Immanuel Kant.* 1804.
3 Kant: Die Metaphysik der Sitten. Vgl. Kant-W Bd. Werke in zwölf Bänden. Heraus gegeben von Wilhelm Weischedel. Frankfurt am Main: 1977, Bd 8, S. 571.
4 Immanuel Kant: Versuch den Begriff der negativen Größen in die Weltweisheit einzuführen, Vgl. Kant-Werke [Anm. 3], Bd. 2, S. 794.
5 Reinhold Bernhard Jachmann: Immanuel Kant geschildert in Briefen. A.a.O. S. 173.
6 *Man kann also nicht nach bestimmten Prinzipien handeln, um glücklich zu sein, sondern nur nach empirischen Ratschlägen, z.B. der Diät, der Sparsamkeit, der Höflichkeit, der Zurückhaltung u.s.w., von welchen die Erfahrung lehrt, dass sie das Wohlbefinden im Durchschnitt am meisten befördern.* Kant: Grundlegung zur Metaphysik der Sitten, Vgl. Kant-W erke [Anm. 3], Bd. 7, S. 48.
7 Vgl. Uwe Schultz: Kant. Reinbek bei Hamburg 1965. S. 28.
8 Georgio Mangelli in seiner Einleitung zu: Thomas de Quincey: *Die letzten Tage des Immanuel Kant.* München 1984.